문해력을 높이는

중학 교육용
기초한자
900字

KB034022

미래주니어

중학생을 위한 교육부 선정 900 한자를 통해 문해력을 키우자!

우리말의 70% 이상은 한자어로 구성되어 있습니다. 그래서 한자를 모르면 우리말이 뜻하는 바를 정확히 알기 힘들며, 문장을 이해하고 글의 맥락을 파악하기 어려워집니다. 더욱이 중등 고등 학습을 위해서는 개념을 정확히 이해해야 하는데, 대부분 개념은 한자어로 되어 있습니다. 그러니 학생들이 원활하게 학습을 이어가기 위해서는 한자 공부가 꼭 필요합니다. 초등 시절에는 한자 입문을 준비를 했다면, 중학 시절부터는 심화 학습을 통해 기초 한자 능력을 확대해야 합니다.

《문해력을 높이는 중학 교육용 기초 한자 900자》는 교육부에서 선정한 기초 한자 900자를 꾸준한 쓰기 학습을 통해 심도 있게 공부할 수 있게 기획한 책입니다. 공부 양이 늘어나는 중학생을 위해 하루에 9자씩 꾸준히 학습할 수 있도록 100일 완성 프로그램으로 진행됩니다. 가나다순으로 배열했기 때문에 같은 음의 다른 뜻을 한 번에 익힐 수 있고, 사전을 찾듯이 헷갈리는 한자를 쉽게 찾아볼 수 있습니다. 기초 한자와 관련된 단어들과 대학 입시에 자주 출제되는 사자성어들도 함께 공부할 수 있어 문해력과 어휘력을 높이는 데 큰 도움을 줍니다. 이 책에서 제시하는 바른 필순을 따라 또박또박 한자 따라 쓰기를 하다 보면 예쁜 글씨체를 갖는 것은 물론이고, 한자를 효과적으로 오래 기억할 수 있습니다.

차례

머리말
한자 쓰기 기본 원칙 4p

◆ 한자 따라 쓰기

✏️ 한자 쓰기 기본 원칙

한자를 쓸 때 획을 긋는 순서를 '필순' 또는 '획순'이라고 한다.
한자는 필순에 따라 바르게 따라 써야 하며, 아래와 같은 원칙이 있다.
단, 필순에서도 예외인 경우가 있으니 유의한다.

1 위에서 아래로 쓴다.

2 왼쪽에서 오른쪽으로 쓴다.

3 가로획과 세로획이 교차할 때는 가로 획을 먼저 쓴다.

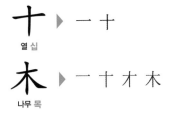

4 좌우가 대칭될 때는 가운데를 먼저 쓴다.

5 둘러싼 모양의 글자는 바깥쪽부터 쓴다.

6 허리를 끊는 획은 나중에 쓴다.

7 글자 전체를 꿰뚫는 획은 나중에 쓴다.

中 ▶ 丨 冂 口 中
가운데 중

事 ▶ 一 一 亍 亍 写
일 사 　　写 写 事

8 삐침(丿)과 파임(㇏)이 만날 때는 삐침을 먼저 쓴다.

父 ▶ 丿 丷 グ 父
아비 부

文 ▶ 丶 亠 ナ 文
글월 문

9 오른쪽 위에 점이 있는 글자는 그 점을 나중에 찍는다.

犬 ▶ 一 ナ 大 犬
개 견

伐 ▶ 丿 亻 亻 代 伐 伐
칠 벌

10 받침은 나중에 쓴다.

近 ▶ 一 厂 F 斤 斤 沂 沂 近
가까울 근

遠 ▶ 一 十 土 吉 吉 吉 袁
멀 원 　　袁 袁 袁 㳟 㳟 遠 遠

11 가로획과 왼쪽 삐침일 경우는 가로획을 먼저 쓴다.

左 ▶ 一 ナ ナ 左 左
왼 좌

友 ▶ 一 ナ 方 友
벗 우

12 다음 한자는 두 가지 경우로 쓴다.

癶
❶ 丁 丆 癶 癶 癶
❷ 丁 丆 癶 癶

王
❶ 二 丁 干 王
❷ 一 二 干 王

靑
❶ 一 二 三 丰 丰 靑
❷ 一 十 丰 丰 靑

✏️ 한자의 획수

한자는 점과 선으로 이루어진 글자이며, 한자를 쓸 때 한 번에 쓰는 점이나 선을 1획으로 본다.

日
(총4획)
丨 冂 日 日

寸
(총3획)
一 寸 寸

집 가	` ㆍ ㆍ ㆍ ㆍ 宀 宁 宇 豕 家 家					
宀부수 (총10획)	家	家				
家口 (가구) 家系 (가계)						

아름다울 가	` ㅣ 亻 亻 仁 仁 佳 佳					
亻부수 (총8획)	佳	佳				
佳約 (가약) 佳作 (가작)						

옳을 가	一 厂 ㅣ 可 可					
口부수 (총5획)	可	可				
可能 (가능) 可望 (가망)						

거리 가	` ㅣ 亻 亻 仁 仁 仹 佳 往 往 街 街					
行부수 (총12획)	街	街				
街販 (가판) 街路樹 (가로수)						

노래 가	一 厂 ㅣ 可 可 可 哥 哥 哥 歌 歌 歌 歌					
欠부수 (총14획)	歌	歌				
歌手 (가수) 歌詞 (가사)						

더할 가	刁 力 加 加 加					
力부수 (총5획)	加	加				
追加 (추가) 加入 (가입)						

값 가	` ㅣ 亻 仁 仃 俨 俨 價 價 價 價 價 價					
亻부수 (총15획)	價	價				
價値 (가치) 物價 (물가)						

거짓 가	` ㅣ 亻 亻 仃 作 作 作 作 假 假					
亻부수 (총11획)	假	假				
假定 (가정) 假說 (가설)						

각각 각	` ク タ 冬 各 各					
口부수 (총6획)	各	各				
各自 (각자) 各人別 (각인별)						

角	**뿔 각**	ノ ⺈ ⺈ 角 角 角 角					
	角부수 (총7획)	角	角				
	角力 (각력) 角度 (각도)						

脚	**다리 각**	) 刀 刀 月 刖 肖 胖 胠 脚 脚 脚					
	月부수 (총11획)	脚	脚				
	脚光 (각광) 脚本 (각본)						

干	**방패 간**	一 二 干					
	干부수 (총3획)	干	干				
	干涉 (간섭) 干拓地 (간척지)						

間	**사이 간**	｜ ｜ ｜ ｜ ｜ 門 門 門 門 問 問 間					
	門부수 (총12획)	間	間				
	間奏 (간주) 間隔 (간격)						

看	**볼 간**	一 一 二 弄 手 看 看 看 看					
	目부수 (총9획)	看	看				
	看守 (간수) 看病 (간병)						

渴	**목마를 갈**	ヽ ヽ ゙ ゙ 氵 沪 沪 渇 渇 渇 渇 渇					
	氵부수 (총12획)	渇	渇				
	渴望 (갈망) 渴症 (갈증)						

甘	**달 감**	一 十 廿 甘 甘					
	甘부수 (총5획)	甘	甘				
	甘味料 (감미료) 甘水 (감수)						

減	**덜 감**	ヽ ヽ ゙ 氵 汀 沪 沪 减 减 减 減 減					
	氵부수 (총12획)	減	減				
	減免 (감면) 減縮 (감축)						

感	**느낄 감**	) 厂 厂 后 咸 咸 咸 咸 感 感 感					
	心부수 (총13획)	感	感				
	感傷 (감상) 感興 (감흥)						

7

敢	**감히 감** 攵부수 (총12획) 敢鬪 (감투) 敢行 (감행)	一 T T F F F F 育 郬 郬 敢	敢	敢				
甲	**갑옷 갑** 田부수 (총5획) 鐵甲 (철갑) 甲板 (갑판)	丨 冂 日 日 甲	甲	甲				
江	**강 강** 氵부수 (총6획) 江村 (강촌) 渡江 (도강)	丶 丶 氵 氿 汀 江	江	江				
降	**내릴 강/항복할 항** 阝부수 (총9획) 下降 (하강) 降伏 (항복)	丆 阝 阝 阝 阽 降 降 降	降	降				
講	**강론할 강** 言부수 (총17획) 講究 (강구) 講堂 (강당)	一 亠 言 言 言 講 講 講 講 講 講	講	講				
强	**강할 강** 弓부수 (총12획) 强健 (강건) 强烈 (강렬)	丁 弓 弓 弓 弘 弹 弹 弹 弹 强 强	强	强				
改	**고칠 개** 攵부수 (총7획) 改善 (개선) 悛改 (전개)	丁 己 己 改 改 改 改	改	改				
皆	**모두 개** 白부수 (총9획) 皆勤 (개근) 皆旣 (개기)	一 上 比 比 比 毕 皆 皆 皆	皆	皆				
個	**낱 개** 亻부수 (총10획) 個人 (개인) 個中 (개중)	亻 亻 们 们 佣 佣 佣 個 個	個	個				

開	열 개	丨 卩 卩 卩 門 門 門 門 閂 閈 開						
	門부수 (총12획)	開	開					
	公開 (공개) 開幕 (개막)							

客	손 객	ㆍ ㆍ 宀 宀 灾 灾 客 客 客						
	宀부수 (총9획)	客	客					
	客地 (객지) 旅客 (여객)							

更	다시 갱/고칠 경	一 𠃊 𠂢 𠂤 百 更 更						
	日부수 (총7획)	更	更					
	更生 (갱생) 更新 (갱신)							

去	갈 거	一 十 土 去 去						
	厶부수 (총5획)	去	去					
	逝去 (서거) 脫去 (탈거)							

巨	클 거	一 𠃍 𠂤 𠄌 巨						
	工부수 (총5획)	巨	巨					
	巨事 (거사) 巨匠 (거장)							

居	살 거	𠃌 𠃍 尸 尸 尸 尼 居 居						
	尸부수 (총8획)	居	居					
	居住 (거주) 居室 (거실)							

車	수레 거/차	一 𠃍 𠂤 百 亘 亘 車						
	車부수 (총7획)	車	車					
	車駕 (거가) 車馬 (거마)							

擧	들 거	′ 𠂆 𠂇 𠂤 𦥑 𦥯 𦥯 𦥯 與 與 與 與 擧						
	手부수 (총18획)	擧	擧					
	擧兵 (거병) 擧事 (거사)							

建	세울 건	ㄱ 𦍌 𦍌 ㅋ ㅋ 聿 聿 建 建						
	廴부수 (총9획)	建	建					
	建國 (건국) 建立 (건립)							

乾	하늘/마를 건	一 十 宁 古 古 克 直 吉 車 草 乾 乾
	乙부수 (총11획)	乾 乾
	乾燥 (건조) 乾杯 (건배)	

犬	개 견	一 ナ 大 犬
	犬부수 (총4획)	犬 犬
	犬猿 (견원) 犬吠 (견폐)	

見	볼 견/뵐 현	丨 冂 冃 月 目 見 見
	見부수 (총7획)	見 見
	識見 (식견) 見習 (견습)	

堅	굳을 견	一 丆 丆 丒 丒 臣 臤 臤 堅 堅 堅
	土부수 (총11획)	堅 堅
	堅固 (견고) 堅實 (견실)	

決	결단할 결	丶 丶 氵 氵 汴 沪 決
	氵부수 (총7획)	決 決
	決定 (결정) 決判 (결판)	

結	맺을 결	乚 幺 幺 牟 糸 糸 糹 結 結 結 結 結
	糸부수 (총12획)	結 結
	締結 (체결) 結合 (결합)	

潔	깨끗할 결	丶 氵 氵 氵 沪 浐 浐 潔 潔 潔 潔 潔
	氵부수 (총15획)	潔 潔
	潔白 (결백) 潔癖 (결벽)	

京	서울 경	丶 亠 古 古 古 亨 京 京
	亠부수 (총8획)	京 京
	京畿 (경기) 開京 (개경)	

景	볕/경치 경	丨 冂 日 日 旦 旦 昙 昙 景 景 景 景
	日부수 (총12획)	景 景
	景致 (경치) 絶景 (절경)	

輕	가벼울 경	一 厂 万 百 百 亘 車 車 輕 輕 輕 輕 輕 輕					
	車부수 (총14획)	輕 輕					
	輕重 (경중) 輕妄 (경망)						

經	지날/글 경	⺯ ⺯ ⺯ ⺯ 糸 糸 糽 紅 經 經 經 經 經					
	糸부수 (총13획)	經 經					
	經營 (경영) 經路 (경로)						

庚	일곱째 천간 경	一 广 广 庐 庐 庚 庚					
	广부수 (총8획)	庚 庚					
	庚伏 (경복) 庚辰 (경진)						

耕	밭갈 경	一 二 三 丰 丰 耒 耒 耒 耕 耕					
	耒부수 (총10획)	耕 耕					
	農耕 (농경) 耕地 (경지)						

敬	공경 경	一 十 廿 廿 苟 苟 苟 苟 苟 苟 苟 敬 敬					
	攵부수 (총13획)	敬 敬					
	敬老 (경로) 敬禮 (경례)						

驚	놀랄 경	一 十 廿 苟 苟 苟 苟 敬 警 警 驚 驚 驚					
	馬부수 (총23획)	驚 驚					
	驚愕 (경악) 驚異 (경이)						

慶	경사 경	一 广 广 庐 庐 庐 庐 慶 慶 慶 慶 慶					
	心부수 (총15획)	慶 慶					
	慶祝 (경축) 慶弔 (경조)						

競	다툴 경	' ' 立 产 产 产 竞 竞 竞 竞 竞 競 競					
	立부수 (총20획)	競 競					
	競馬 (경마) 競合 (경합)						

癸	북방/천간 계	フ ヲ 癶 癶 癶 癶 癶 癸 癸					
	癶부수 (총9획)	癸 癸					
	癸丑 (계축) 癸期 (계기)						

季	계절 계	一 一 千 千 禾 禾 季 季		
	子부수 (총8획)	季	季	
	冬季 (동계) 四季節 (사계절)			

界	지경 계	丨 冂 冃 曰 田 甲 尹 界 界		
	田부수 (총9획)	界	界	
	財界 (재계) 學界 (학계)			

計	셀 계	一 二 三 三 言 言 言 計 計		
	言부수 (총9획)	計	計	
	統計 (통계) 設計 (설계)			

溪	시내 계	丶 丶 氵 氵 氵 沪 沪 沪 淫 淫 淫 溪 溪		
	氵부수 (총13획)	溪	溪	
	溪谷 (계곡) 玉溪 (옥계)			

鷄	닭 계	一 ア ア 至 至 至 奚 奚 奚 奚 奚 鷄 鷄		
	鳥부수 (총21획)	鷄	鷄	
	養鷄 (양계) 鷄鳴 (계명)			

古	옛 고	一 十 十 古 古		
	口부수 (총5획)	古	古	
	古跡 (고적) 古今 (고금)			

故	연고 고	一 十 十 古 古 古 古 故 故		
	攵부수 (총9획)	故	故	
	作故 (작고) 無故 (무고)			

固	굳을 고	丨 冂 冃 冃 尸 固 固 固		
	口부수 (총8획)	固	固	
	固守 (고수) 固着 (고착)			

苦	쓸 고	一 十 十 艹 艹 苎 苦 苦 苦		
	艹부수 (총9획)	苦	苦	
	苦杯 (고배) 勞苦 (노고)			

考	**생각할** 고	一 十 土 耂 耂 考 考					
	耂부수 (총6획)	考	考				
	考案 (고안) 考察 (고찰)						

高	**높을** 고	亠 亠 亠 亠 古 高 高 高 高					
	高부수 (총10획)	高	高				
	高原 (고원) 高僧 (고승)						

告	**고할** 고	丿 丿 牛 牛 生 告 告					
	口부수 (총7획)	告	告				
	宣告 (선고) 告訴 (고소)						

谷	**골** 곡	丿 八 父 父 谷 谷 谷					
	谷부수 (총7획)	谷	谷				
	溪谷 (계곡) 谷風 (곡풍)						

曲	**굽을** 곡	丨 冂 日 由 曲 曲					
	曰부수 (총6획)	曲	曲				
	屈曲 (굴곡) 歌曲 (가곡)						

穀	**곡식** 곡	一 士 声 声 壴 壴 素 素 素 穀 穀				丶	
	禾부수 (총15획)	穀	穀				
	穀間 (곡간) 五穀 (오곡)						

困	**곤할** 곤	丨 冂 日 用 困 困 困					
	口부수 (총7획)	困	困				
	困窮 (곤궁) 困辱 (곤욕)						

坤	**땅** 곤	一 十 土 圵 圵 坰 坰 坤					
	土부수 (총8획)	坤	坤				
	乾坤 (건곤) 坤卦 (곤괘)						

骨	**뼈** 골	丨 冂 冎 冎 冎 咼 骨 骨 骨 骨					
	骨부수 (총10획)	骨	骨				
	骨格 (골격) 白骨 (백골)						

工	장인 공	一 丁 工						
	工부수 (총3획)	工	工					
	竣工 (준공) 陶工 (도공)							

功	공 공	一 丁 工 功 功						
	力부수 (총5획)	功	功					
	勳功 (훈공) 武功 (무공)							

空	빌 공	' '' 宀 宀 空 空 空 空						
	穴부수 (총8획)	空	空					
	航空 (항공) 空虛 (공허)							

共	함께/한가지 공	一 十 廿 井 共 共						
	八부수 (총6획)	共	共					
	共有 (공유) 共謀 (공모)							

公	공평할 공	ノ 八 公 公						
	八부수 (총4획)	公	公					
	公開 (공개) 公共 (공공)							

果	열매 과	丨 冂 冃 目 旦 甲 果 果						
	木부수 (총8획)	果	果					
	效果 (효과) 成果 (성과)							

課	과정 과	一 亖 亖 言 言 訂 訂 評 評 課 課						
	言부수 (총15획)	課	課					
	賦課 (부과) 課稅 (과세)							

科	과목 과	ノ 二 千 禾 禾 禾 禾 科 科						
	禾부수 (총9획)	科	科					
	科目(과목) 學科 (학과)							

過	지날 과	丨 冂 冃 冎 咼 咼 咼 咼 過 過 過						
	辶부수 (총13획)	過	過					
	過剩 (과잉) 超過 (초과)							

官	벼슬 관	´ ´´ 宀 宀 官 官 官 官
	宀부수 (총8획)	官 官
	長官 (장관) 官僚 (관료)	

觀	볼 관	一 ＋ 芦 芦 芦 苗 萨 萨 萨 萨 觀 觀 觀 觀
	見부수 (총25획)	觀 觀
	觀測 (관측) 傍觀 (방관)	

關	빗장 관	l l´ l´ 門 門 門 門 閂 關 關 關
	門부수 (총19획)	關 關
	關聯 (관련) 通關 (통관)	

光	빛 광	l l´ l´´ 光 光 光
	儿부수 (총6획)	光 光
	月光 (월광) 光明 (광명)	

廣	넓을 광	一 广 广 产 产 产 产 庐 庐 廣 廣 廣
	广부수 (총15획)	廣 廣
	廣告 (광고) 廣場 (광장)	

交	사귈 교	´ 一 亠 六 交 交
	亠부수 (총6획)	交 交
	外交 (외교) 交易 (교역)	

校	학교 교	一 十 ナ 木 木 杧 杧 杧 校 校
	木부수 (총10획)	校 校
	登校 (등교) 校長 (교장)	

橋	다리 교	一 才 杧 杧 杧 杯 橋 橋 橋 橋 橋
	木부수 (총16획)	橋 橋
	架橋 (가교) 大橋 (대교)	

教	가르칠 교	´ ´ 孝 孝 孝 孝 敎 敎
	攵부수 (총11획)	敎 敎
	教育 (교육) 教養 (교양)	

九	아홉 구	ノ 九					
	乙부수 (총2획)						
	九天 (구천) 九十 (구십)	九	九				

口	입 구	丨 冂 口					
	口부수 (총3획)						
	人口 (인구) 口號 (구호)	口	口				

求	구할 구	一 寸 寸 寸 求 求 求					
	水부수 (총7획)						
	促求 (촉구) 追求 (추구)	求	求				

救	구원할 구	一 寸 寸 寸 寸 求 求 求 救 救 救					
	攵부수 (총11획)						
	救恤 (구휼) 自救策 (자구책)	救	救				

究	연구할 구	丶 宀 宀 宀 空 究 究					
	穴부수 (총7획)						
	硏究 (연구) 探究 (탐구)	究	究				

久	오랠 구	ノ ク 久					
	ノ부수 (총3획)						
	永久 (영구) 耐久性 (내구성)	久	久				

句	글귀 구	ノ ク 勹 句 句					
	口부수 (총5획)						
	句節 (구절) 句讀點 (구두점)	句	句				

舊	옛 구	一 十 卝 卝 芦 芦 萑 萑 萑 舊 舊 舊 舊					
	臼부수 (총18획)						
	親舊 (친구) 舊面 (구면)	舊	舊				

國	나라 국	丨 冂 冂 冃 同 同 同 国 國 國 國					
	口부수 (총11획)						
	國民 (국민) 國會 (국회)	國	國				

君	임금 군	ㄱ ㅋ ㅋ 尹 尹 君 君					
	口부수 (총7획)	君 君					
	君臨 (군림) 君臣 (군신)						

郡	고을 군	ㄱ ㅋ ㅋ 尹 尹 君 君 君ʳ 君ß 郡					
	阝부수 (총10획)	郡 郡					
	各郡 (각군) 郡廳 (군청)						

軍	군사 군	ʼ ㄱ ㄱ 冖 宀 宕 冒 冒 軍					
	車부수 (총9획)	軍 軍					
	軍艦 (군함) 敵軍 (적군)						

弓	활 궁	ㄱ ㄱ 弓					
	弓부수 (총3획)	弓 弓					
	弓矢 (궁시) 洋弓 (양궁)						

卷	책 권	ʼ ㅅ ㅆ ㅆ 失 失 券 卷					
	卩부수 (총8획)	卷 卷					
	席卷 (석권) 通卷 (통권)						

權	권세 권	十 十 木 木 朾 朾 栌 栌 榨 榨 權 權					
	木부수 (총22획)	權 權					
	政權 (정권) 執權 (집권)						

勸	권할 권	十 艹 ㅹ 苖 苖 莀 莀 莥 莥 勸 勸					
	力부수 (총20획)	勸 勸					
	勸奬 (권장) 勸誘 (권유)						

貴	귀할 귀	ʼ ㅁ ㅂ 中 虫 虫 虫 貴 貴 貴 貴 貴					
	貝부수 (총12획)	貴 貴					
	貴族 (귀족) 珍貴 (진귀)						

歸	돌아갈 귀	ʼ ʼ 阜 阜 阜 阜 阜 歸 歸 歸 歸 歸					
	止부수 (총18획)	歸 歸					
	復歸 (복귀) 歸結 (귀결)						

均	고를 **균**	一 十 土 七 圹 均 均 均					
	土부수 (총7획)	均 均					
	均衡 (균형) 平均 (평균)						

極	극진할 **극**	一 十 十 才 术 朽 杯 柯 柯 柯 極 極 極					
	木부수 (총13획)	極 極					
	極甚 (극심) 積極 (적극)						

近	가까울 **근**	一 厂 匚 斤 斤 沂 近 近					
	辶부수 (총8획)	近 近					
	側近 (측근) 近郊 (근교)						

勤	부지런할 **근**	一 十 卄 卄 芖 苫 苫 莒 莫 革 蓳 勤 勤					
	力부수 (총13획)	勤 勤					
	勤勉 (근면) 勤勞者 (근로자)						

根	뿌리 **근**	一 十 十 才 术 杧 柑 柑 根 根					
	木부수 (총10획)	根 根					
	根本 (근본) 根絕 (근절)						

金	쇠 **금**	丿 𠆢 𠆢 𠂈 全 全 余 金					
	金부수 (총8획)	金 金					
	金融 (금융) 資金 (자금)						

今	이제 **금**	丿 𠆢 𠆢 今					
	人부수 (총4획)	今 今					
	昨今 (작금) 今日 (금일)						

禁	금할 **금**	一 十 才 木 木 村 材 林 埜 埜 禁 禁 禁					
	示부수 (총13획)	禁 禁					
	禁忌 (금기) 監禁 (감금)						

及	미칠 **급**	丿 了 及 及					
	又부수 (총4획)	及 及					
	言及 (언급) 普及 (보급)						

給	줄 급	⟨ ⟨ ⟨ ⟨ ⟨ ⟨ ⟨ ⟨ ⟨ 給 給 給
	糸부수 (총12획)	給 給
	支給 (지급) 還給 (환급)	

急	급할 급	⟨ ⟨ ⟨ ⟨ ⟨ ⟨ 急 急 急
	心부수 (총9획)	急 急
	急激 (급격) 緊急 (긴급)	

己	몸 기	⟨ ⟨ 己
	己부수 (총3획)	己 己
	己未 (기미) 利己 (이기)	

記	기록할 기	⟨ ⟨ ⟨ ⟨ ⟨ ⟨ ⟨ ⟨ 記 記
	言부수 (총10획)	記 記
	史記 (사기) 記者 (기자)	

起	일어날 기	一 十 土 ⟨ ⟨ ⟨ 走 起 起 起
	走부수 (총10획)	起 起
	惹起 (야기) 蜂起 (봉기)	

其	그 기	一 十 ⟨ ⟨ ⟨ 其 其 其
	八부수 (총8획)	其 其
	其間 (기간) 各其 (각기)	

期	기약할 기	一 十 ⟨ ⟨ ⟨ 其 其 其 期 期 期 期
	月부수 (총12획)	期 期
	時期 (시기) 期待 (기대)	

基	터 기	一 十 ⟨ ⟨ ⟨ 其 其 基 基 基
	土부수 (총11획)	基 基
	基盤 (기반) 基本 (기본)	

氣	기운 기	⟨ ⟨ ⟨ 气 气 气 氣 氣 氣 氣
	气부수 (총10획)	氣 氣
	節氣 (절기) 雰圍氣 (분위기)	

技	재주 기	ー 十 扌 扌 扩 technique 技					
	扌부수 (총7획)	技 技					
	特技 (특기) 演技 (연기)						

幾	몇 기	` ´ ´ ´´ ´´ ´´ ´´ ´´ 幾 幾 幾					
	幺부수 (총12획)	幾 幾					
	幾回 (기회) 萬幾 (만기)						

旣	이미 기	´ ´ ´ ´ 自 自 自 旡 旣 旣					
	无부수 (총11획)	旣 旣					
	旣存 (기존) 旣得 (기득)						

吉	길할 길	一 十 士 吉 吉 吉					
	口부수 (총6획)	吉 吉					
	吉凶 (길흉) 吉兆 (길조)						

暖	따뜻할 난	丨 丨 丨 丨 丬 丬 丬 丬 丬 丬 暖 暖 暖					
	日부수 (총13획)	暖 暖					
	溫暖 (온난) 寒暖 (한난)						

難	어려울 난	一 廿 廿 苗 苜 菓 菓 菓 菓 菓 難 難 難					
	佳부수 (총19획)	難 難					
	非難 (비난) 災難 (재난)						

南	남녘 남	一 十 广 内 内 内 南 南 南					
	十부수 (총9획)	南 南					
	南北 (남북) 江南 (강남)						

男	사내 남	丨 冂 田 田 田 男 男					
	田부수 (총7획)	男 男					
	男女 (남녀) 男妹 (남매)						

内	안 내	丨 冂 内 内					
	入부수 (총4획)	内 内					
	國内 (국내) 内容 (내용)						

乃	이에 내	ノ 乃					
	ノ부수 (총2획)	乃 乃					
	終乃 (종내) 乃父 (내부)						

女	여자 녀(여)	〈 女 女					
	女부수 (총3획)	女 女					
	女性 (여성) 少女 (소녀)						

年	해 년(연)	ノ ヶ 仁 仁 仨 年					
	干부수 (총6획)	年 年					
	昨年 (작년) 年金 (연금)						

念	생각 념(염)	ノ 人 ㅅ 今 今 念 念 念					
	心부수 (총8획)	念 念					
	槪念 (개념) 留念 (유념)						

怒	성낼 노	〈 女 女 奴 奴 奴 怒 怒 怒					
	心부수 (총9획)	怒 怒					
	憤怒 (분노) 激怒 (격노)						

農	농사 농	丨 冂 日 旧 曲 曲 曲 声 芦 農 農 農 農					
	辰부수 (총13획)	農 農					
	農村 (농촌) 農耕 (농경)						

能	능할 능	ム ㅘ 介 自 自 育 育 能 能 能					
	月부수 (총10획)	能 能					
	可能 (가능) 能力 (능력)						

多	많을 다	ノ ク タ タ 多 多					
	夕부수 (총6획)	多 多					
	多幸 (다행) 多福 (다복)						

丹	붉을 단	ノ 刀 刀 丹					
	丶부수 (총4획)	丹 丹					
	丹粧 (단장) 丹楓 (단풍)						

但	다만 단	ノ 亻 亻 们 但 但 但					
	亻부수 (총7획)	但	但				
	但只 (단지) 但書 (단서)						

單	홑 단	丨 冂 冂 口 口 吅 吅 吅 吅 留 單 單					
	口부수 (총12획)	單	單				
	簡單 (간단) 單獨 (단독)						

短	짧을 단	ノ 亻 亇 矢 矢 矢 矢 短 短 短 短 短					
	矢부수 (총12획)	短	短				
	短縮 (단축) 長短 (장단)						

端	끝 단	丶 亠 亣 亣 立 立 立 立 立 立 端 端 端 端					
	立부수 (총14획)	端	端				
	尖端 (첨단) 端午 (단오)						

達	통달할 달	一 十 士 圡 坴 坴 查 查 幸 幸 達 達 達					
	辶부수 (총13획)	達	達				
	達成 (달성) 傳達 (전달)						

談	말씀 담	一 一 二 三 言 言 言 言 訪 訪 訪 談 談					
	言부수 (총15획)	談	談				
	會談 (회담) 俗談 (속담)						

答	대답 답	ノ 亻 亻 亇 竹 竹 竹 竺 答 答 答 答					
	竹부수 (총12획)	答	答				
	答辯 (답변) 問答 (문답)						

堂	집 당	丨 丷 丷 丷 벋 벋 벋 벋 堂 堂 堂					
	土부수 (총11획)	堂	堂				
	祠堂 (사당) 講堂 (강당)						

當	마땅할 당	丨 丷 丷 丷 벋 벋 벋 벋 當 當 當 當					
	田부수 (총13획)	當	當				
	該當 (해당) 當時 (당시)						

大	큰 대	一 ナ 大						
	大부수 (총3획)	大	大					
	擴大 (확대) 大暑 (대서)							

代	대신할 대	ノ イ 仁 代 代						
	亻부수 (총5획)	代	代					
	代替 (대체) 時代 (시대)							

待	기다릴 대	ノ ィ イ 彳 彳 行 待 待 待						
	彳부수 (총9획)	待	待					
	期待 (기대) 待接 (대접)							

對	대할 대	丨 丨 业 业 业 业 业 業 業 業 對 對						
	寸부수 (총14획)	對	對					
	對象 (대상) 對應 (대응)							

德	덕 덕	ノ イ 彳 彳 彳 徳 徳 徳 徳 徳 徳 德						
	彳부수 (총15획)	德	德					
	德談 (덕담) 道德 (도덕)							

刀	칼 도	フ 刀						
	刀부수 (총2획)	刀	刀					
	短刀 (단도) 銀粧刀 (은장도)							

到	이를 도	一 厂 互 至 至 至 到 到						
	刂부수 (총8획)	到	到					
	到着 (도착) 殺到 (쇄도)							

度	법도 도/헤아릴 탁	' 亠 广 广 庐 庐 座 座 度 度						
	广부수 (총9획)	度	度					
	制度 (제도) 速度 (속도)							

道	길 도	' 丷 丷 产 首 首 首 首 首 渞 渞 道 道						
	辶부수 (총13획)	道	道					
	軌道 (궤도) 道理 (도리)							

島	섬 도	' ｨ ｨ ㄅ ㄅ 皁 鳥 鳥 鳥 島					
	山부수 (총10획)	島	島				
	獨島 (독도) 半島 (반도)						

徒	무리 도	' ' ⼻ ⼻ ⼻ ⼻ 祥 徘 徙 徒					
	彳부수 (총10획)	徒	徒				
	徒步 (도보) 學徒 (학도)						

都	도읍 도	一 十 土 耂 耂 者 者 者 者 都' 都 都					
	阝부수 (총12획)	都	都				
	首都 (수도) 古都 (고도)						

圖	그림 도	｜ 冂 冂 閂 罔 罔 罔 圀 圀 圆 圖 圖 圖 圖					
	口부수 (총14획)	圖	圖				
	意圖 (의도) 圖案 (도안)						

讀	읽을 독	一 一 ㄹ ㄹ ㄹ 訁 訁 讀 讀 讀 讀 讀 讀 讀 讀					
	言부수 (총22획)	讀	讀				
	精讀 (정독) 多讀 (다독)						

獨	홀로 독	' ⼻ ⼻ ⼻ ⼻ ⼻ 獨 獨 獨 獨 獨 獨					
	犭부수 (총16획)	獨	獨				
	單獨 (단독) 獨立 (독립)						

同	한가지 동	｜ 冂 冂 同 同 同					
	口부수 (총6획)	同	同				
	共同 (공동) 同盟 (동맹)						

洞	마을 동/밝을 통	' ' ⼆ ⼺ ⼺ 洞 洞 洞 洞					
	氵부수 (총9획)	洞	洞				
	洞察 (통찰) 洞布 (동포)						

童	아이 동	' ㇐ 立 立 产 产 产 音 音 音 童 童					
	立부수 (총12획)	童	童				
	童話 (동화) 童謠 (동요)						

冬	겨울 동	ノ ク タ 冬 冬					
	冫부수 (총5획)	冬 冬					
	立冬 (입동) 冬眠 (동면)						

東	동녘 동	一 ニ 丁 匸 亘 审 東 東					
	木부수 (총8획)	東 東					
	東海 (동해) 東方 (동방)						

動	움직일 동	一 ニ 三 丘 亘 亘 重 重 重 動 動					
	力부수 (총11획)	動 動					
	活動 (활동) 行動 (행동)						

斗	말 두	丶 丶 ㇇ 斗					
	斗부수 (총4획)	斗 斗					
	斗頓 (두둔) 北斗 (북두)						

豆	콩 두	一 丆 丌 百 百 豆 豆					
	豆부수 (총7획)	豆 豆					
	豆腐 (두부) 綠豆 (녹두)						

頭	머리 두	一 丆 丆 亘 百 豆 豇 頭 頭 頭 頭 頭					
	頁부수 (총16획)	頭 頭					
	沒頭 (몰두) 念頭 (염두)						

得	얻을 득	ノ ク 彳 彳 彳 但 但 得 得 得 得					
	彳부수 (총11획)	得 得					
	納得 (납득) 獲得 (획득)						

等	무리 등	ノ ト ケ ゲ ゲ 灬 笁 笁 笁 笁 等 等					
	竹부수 (총12획)	等 等					
	等級 (등급) 平等 (평등)						

登	오를 등	フ ヌ ヌ 癶 癶 癶 癶 癶 登 登 登					
	癶부수 (총12획)	登 登					
	登場 (등장) 登載 (등재)						

✅ 20일 완성 평가 1

1. 다음 문장에서 등장하는 한자의 독음(읽는 소리)을 ( ) 안에 쓰시오.

1) 세상에 可능하지 않은 일은 없다. (   )
2) 여러 角도로 문제를 검토하자. (   )
3) 첫인상이 強렬하다. (   )
4) 진실은 아직 公開되지 않았다. (   )
5) 완전히 乾조된 상태이다. (   )
6) 그는 무故함을 적극적으로 알리고 있다. (   )
7) 허용된 무게를 초過하고 말았다. (   )
8) 긴급 口호 활동에 파견되었다. (   )
9) 近교로 드라이브를 다녀올 예정이다. (   )
10) 이번 국제회의는 국內에서 열린다. (   )

2. 밑줄 친 말에 해당하는 한자를 <보기>에서 찾아 번호를 쓰시오.

> 보기 ▶ ① 句 ② 考 ③ 渴 ④ 假 ⑤ 圖 ⑥ 記 ⑦ 輕 ⑧ 客 ⑨ 敎 ⑩ 男

1) 이 그림은 정말 아름답다. (   )
2) 남자에게 꼭 필요한 운동이다. (   )
3) 보았던 그대로 기록해라. (   )
4) 책에서 마음을 울리는 구절을 읽었다. (   )
5) 학교에서 수학을 가르친다. (   )
6) 깊이 생각하고 내린 결정이다. (   )
7) 짐의 무게가 무척 가볍다. (   )
8) 이곳은 손님을 위한 방이다. (   )
9) 운동 후 목이 무척 마르다. (   )
10) 그녀의 주장이 거짓으로 밝혀졌다. (   )

3. 한자의 훈(뜻)과 음(소리)을 쓰시오.

1) 敢 →

2) 居 →

3) 決 →

4) 慶 →

5) 計 →

6) 困 →

7) 關 →

8) 救 →

9) 郡 →

10) 勤 →

4. 다음 내용에 알맞은 사자성어를 <보기>에서 찾아 번호를 쓰시오.

보기 ▶ ① 勸善懲惡(권선징악) ② 刻舟求劍(각주구검)
③ 家家戶戶(가가호호) ④ 群鷄一鶴(군계일학) ⑤ 起死回生(기사회생)
⑥ 多多益善(다다익선) ⑦ 結者解之(결자해지) ⑧ 結草報恩(결초보은)
⑨ 苦盡甘來(고진감래) ⑩ 句句節節(구구절절)

1) 검이 물속에 떨어진 자리를 배에 새겨 그 검을 찾으려 한다. (   )

2) 일을 저지른 사람이 그 일을 해결해야 한다. (   )

3) 죽음에서 삶을 회복한다는 뜻이다. (   )

4) 모든 구절을 뜻하며, 말이나 글 등의 전부를 가리킨다. (   )

5) 여러 사람 가운데 뛰어난 한 사람을 일컫는 말이다. (   )

6) 선한 행실을 권하고 악한 행실은 벌을 받는다는 뜻이다. (   )

7) 어려움을 견뎌내면 좋은 일이 생긴다는 말이다. (   )

8) 풀을 묶어 은혜를 갚는다는 뜻이다. (   )

9) 집집마다 또는 모든 집을 가리킨다. (   )

10) 많으면 많을수록 좋다는 뜻이다. (   )

✅ 함께 익히면 좋은 **사자성어**

家家戶戶

가가호호   집**가** 집**가** 지게**호** 지게**호**

집집마다. 또는
모든 집이라는 뜻이다.

가	가	호	호	가	가	호	호

刻舟求劍

각주구검   새길**각** 배**주** 구할**구** 칼**검**

검이 물 속에 떨어진 자리를 배에 새겨 그 검을 찾으려
한다는 뜻으로, 어리석음을 말한다.

각	주	구	검	각	주	구	검

結者解之

결자해지   맺을**결** 놈**자** 풀**해** 갈**지**

맺은 사람이 풀어야 한다는 뜻으로, 일을 저지른 사람이
그 일을 해결해야 한다는 뜻이다.

결	자	해	지	결	자	해	지

苦盡甘來

고진감래   괴로울**고** 다할**진** 달**감** 올**래**

쓴 것이 다하면 달콤함이 온다는 뜻으로, 어려움을 견뎌내면
좋은 일이 생긴다는 말이다.

고	진	감	래	고	진	감	래

起死回生

기사회생 일어날 **기** 죽을 **사** 돌아올 **회** 날 **생**

죽을 뻔하다가 다시 살아난다는 뜻으로 위기에 처한 상황이
기적처럼 나아졌을 때 쓰는 말이다.

기	사	회	생		기	사	회	생

句句節節

구구절절 글귀 **구** 글귀 **구** 마디 **절** 마디 **절**

모든 구절마다라는 뜻으로, 말이나
글 따위의 전부를 가리킨다.

구	구	절	절		구	구	절	절

多多益善

다다익선 많을 **다** 많을 **다** 더할 **익** 좋을 **선**

많으면 많을수록 좋다는 뜻으로, 병력을 몇 명이나 지휘할 능력이
있느냐는 한나라 유방의 질문에 장수인 한신이 답한 말이다.

다	다	익	선		다	다	익	선

大器晚成

대기만성 큰 **대** 그릇 **기** 늦을 **만** 이룰 **성**

큰 그릇은 늦게 만들어진다는 뜻으로, 크게 될 사람은
늦게 성공한다는 말이다.

대	기	만	성		대	기	만	성

燈	등잔 등	` ` ` ` ` ` ` ` ` ` ` ` ` 燈 燈 燈 燈 燈 燈 燈 燈 燈 燈				
	火부수 (총16획)	燈	燈			
	點燈 (점등) 燈臺 (등대)					

落	떨어질 락(낙)	一 十 艹 艹 苧 苧 茫 茫 茫 落 落 落				
	艹부수 (총13획)	落	落			
	下落 (하락) 漏落 (누락)					

樂	즐길 락/노래 악/좋아할 요	` ` ` ` ` ` ` ` ` 樂 樂 樂 樂				
	木부수 (총15획)	樂	樂			
	音樂 (음악) 苦樂 (고락)					

卵	알 란(난)	一 匚 丆 月 卯 卯 卵				
	卩부수 (총7획)	卵	卵			
	鷄卵 (계란) 産卵 (산란)					

浪	물결 랑(낭)	` ` ` ` ` ` ` ` ` 浪				
	氵부수 (총10획)	浪	浪			
	激浪 (격랑) 浪說 (낭설)					

郞	사내 랑(낭)	` ` ` ` ` 良 良 良 郎 郎				
	阝부수 (총10획)	郞	郞			
	新郞 (신랑) 花郞 (화랑)					

來	올 래(내)	一 丆 丆 刃 刃 來 來 來				
	人부수 (총8획)	來	來			
	招來 (초래) 去來 (거래)					

冷	찰 랭(냉)	` ` ` ` ` ` 冷				
	冫부수 (총7획)	冷	冷			
	冷徹 (냉철) 冷却 (냉각)					

良	어질 량(양)	` ` ` ` 良 良 良				
	艮부수 (총7획)	良	良			
	良識 (양식) 不良 (불량)					

兩	두 량(양)	一 丆 币 币 币 币 雨 兩 兩					
	入부수 (총8획)						
	兩國 (양국) 兩側 (양측)	兩 兩					

量	헤아릴 량(양)	丨 冂 冂 曰 旦 昌 昌 昌 昌 量 量 量					
	里부수 (총12획)						
	力量 (역량) 度量 (도량)	量 量					

涼	서늘할 량(양)	丶 丶 氵 氵 氵 汸 泸 泸 涼 涼 涼					
	氵부수 (총11획)						
	荒涼 (황량) 凄涼 (처량)	涼 涼					

旅	나그네 려(여)	丶 亠 丿 方 方 扩 扩 斿 斿 旅					
	方부수 (총10획)						
	旅行 (여행) 旅券 (여권)	旅 旅					

力	힘 력(역)	丁 力					
	力부수 (총2획)						
	能力 (능력) 勢力 (세력)	力 力					

歷	지날 력(역)	一 厂 厂 厂 厂 厂 厤 厤 厤 厤 歷 歷					
	止부수 (총16획)						
	經歷 (경력) 履歷 (이력)	歷 歷					

連	이을 련(연)	一 丆 亓 亓 吉 亘 車 車 連 連 連					
	辶부수 (총11획)						
	連結 (연결) 連累 (연루)	連 連					

練	익힐 련(연)	幺 幺 糸 糸 糸 紻 紻 紳 紳 練 練					
	糸부수 (총15획)						
	洗練 (세련) 未練 (미련)	練 練					

列	벌일 렬(열)	一 丆 歹 歹 列 列					
	刂부수 (총6획)						
	陳列 (진열) 行列 (행렬)	列 列					

烈	세찰 렬(열)	一 丁 歹 歹 列 列 列 列 烈 烈					
	灬부수 (총10획)	烈	烈				
	激烈 (격렬) 先烈 (선열)						

令	하여금 령(영)	ノ 人 스 今 令					
	人부수 (총5획)	令	令				
	命令 (명령) 令狀 (영장)						

領	거느릴 령(영)	ノ 人 스 今 今 今 今 領 領 領 領 領 領 領					
	頁부수 (총14획)	領	領				
	領土 (영토) 橫領 (횡령)						

例	법식 례(예)	ノ 亻 亻 俨 例 例 例 例					
	亻부수 (총8획)	例	例				
	事例 (사례) 例外 (예외)						

禮	예도 례(예)	一 亍 亍 亦 祠 祠 禮 禮 禮 禮 禮 禮					
	礻부수 (총18획)	禮	禮				
	禮記 (예기) 婚禮 (혼례)						

路	길 로(노)	丨 ロ ロ ヤ 呈 呈 吊 距 距 路 路 路 路					
	足부수 (총13획)	路	路				
	道路 (도로) 經路 (경로)						

露	이슬 로(노)	一 厂 币 币 币 雨 雨 霄 霜 露 露 露					
	雨부수 (총21획)	露	露				
	暴露 (폭로) 綻露 (탄로)						

老	늙을 로(노)	一 十 土 耂 老 老					
	老부수 (총6획)	老	老				
	元老 (원로) 老鍊 (노련)						

勞	일할 로(노)	⺌ 少 火 火 炏 炏 炊 燃 燃 勞 勞					
	力부수 (총12획)	勞	勞				
	勤勞 (근로) 勞務 (노무)						

綠	푸를 록(녹)	㇐ ㇑ ㇒ ㇂ 糸 糸 紵 紵 紵 絆 絆 綠 綠
	糸부수 (총14획)	綠 綠
	草綠 (초록) 新綠 (신록)	

論	논할 론(논)	㇐ ㇑ ㇒ 言 言 診 診 論 論 論 論 論
	言부수 (총15획)	論 論
	論難 (논란) 輿論 (여론)	

料	헤아릴 료(요)	㇔ ㇔ ㇒ 米 米 米 料 料 料 料
	斗부수 (총10획)	料 料
	資料 (자료) 料金 (요금)	

柳	버들 류(유)	㇐ ㇑ 木 木 柝 柝 柳 柳 柳
	木부수 (총9획)	柳 柳
	花柳 (화류) 柳花 (유화)	

留	머무를 류(유)	㇒ ㇇ 卬 卯 卯 卯 留 留 留 留
	田부수 (총10획)	留 留
	滯留 (체류) 留保 (유보)	

流	흐를 류(유)	㇔ ㇔ ㇒ 氵 浐 浐 浐 浐 流 流
	氵부수 (총10획)	流 流
	流通 (유통) 漂流 (표류)	

六	여섯 륙(육)	㇔ ㇒ 亠 六
	八부수 (총4획)	六 六
	六書 (육서) 六寸 (육촌)	

陸	뭍 륙(육)	㇇ ㇈ 阝 阞 阤 陟 陟 陸 陸 陸 陸
	阝부수 (총11획)	陸 陸
	大陸 (대륙) 着陸 (착륙)	

倫	인륜 륜(윤)	㇒ 亻 亻 伀 伀 伀 伶 伶 倫 倫
	亻부수 (총10획)	倫 倫
	倫理 (윤리) 五倫 (오륜)	

律	**법칙 률(율)**	＇＇彳彳彳律律律律					
	彳부수 (총9획)	律 律					
	法律 (법률) 韻律 (운율)						

里	**마을 리(이)**	丨冂冃日旦甲里					
	里부수 (총7획)	里 里					
	鄕里 (향리) 里落 (이락)						

理	**다스릴 리(이)**	一ニ三王王玾玾玾玾理理					
	王부수 (총11획)	理 理					
	理由 (이유) 管理 (관리)						

利	**이로울 리(이)**	一ニ千禾禾利利					
	刂부수 (총7획)	利 利					
	利益 (이익) 勝利 (승리)						

李	**오얏 리(이)**	一十才木杢李李					
	木부수 (총7획)	李 李					
	李花 (이화) 桃李 (도리)						

林	**수풀 림(임)**	一十才木杶村材林					
	木부수 (총8획)	林 林					
	山林 (산림) 森林 (삼림)						

立	**설 립(입)**	＇亠立立立					
	立부수 (총5획)	立 立					
	立春 (입춘) 立場 (입장)						

馬	**말 마**	丨厂厂厂厓馬馬馬馬馬					
	馬부수 (총10획)	馬 馬					
	出馬 (출마) 騎馬 (기마)						

莫	**없을 막**	一十十艹芦芦莒莒莫莫					
	艹부수 (총11획)	莫 莫					
	索莫 (삭막) 莫重 (막중)						

萬	**일만 만**	一 十 卄 芇 芇 芇 芇 苒 莒 莒 萬 萬 萬 萬					
	⺾부수 (총13획)	萬 萬					
	萬物 (만물) 萬若 (만약)						

晚	**저물 만**	丨 冂 冃 日 日 旷 昣 睁 睁 晚 晚					
	日부수 (총11획)	晚 晚					
	晚秋 (만추) 晚婚 (만혼)						

滿	**찰 만**	丶 丶 氵 氵 汁 汁 汁 汁 浩 沛 満 満 滿 滿					
	氵부수 (총14획)	滿 滿					
	不滿 (불만) 滿足 (만족)						

末	**끝 말**	一 二 丰 末 末					
	木부수 (총5획)	末 末					
	顚末 (전말) 月末 (월말)						

亡	**망할 망**	丶 亠 亡					
	亠부수 (총3획)	亡 亡					
	死亡 (사망) 滅亡 (멸망)						

忙	**바쁠 망**	丶 丶 忄 忄 忙 忙					
	忄부수 (총6획)	忙 忙					
	百忙 (백망) 忙遽 (망거)						

忘	**잊을 망**	丶 亠 亡 亡 忘 忘 忘					
	心부수 (총7획)	忘 忘					
	忘却 (망각) 健忘 (건망)						

望	**바랄 망**	丶 亠 亡 亡 切 奴 竕 竕 望 望 望					
	月부수 (총11획)	望 望					
	展望 (전망) 失望 (실망)						

每	**매양 매**	丿 仁 仁 勾 句 每 每					
	毋부수 (총7획)	每 每					
	每日 (매일) 每回 (매회)						

買	살 매	ㅣ ㄲ ㄲ ㄲ ㄲ ㄲ 罒 罒 買 買 買 買					
	貝부수 (총12획)						
	賣買 (매매) 買得 (매득)	買	買				

賣	팔 매	一 十 士 吉 吉 吉 吉 吉 壺 壺 壺 賣 賣					
	貝부수 (총15획)						
	販賣 (판매) 競賣 (경매)	賣	賣				

妹	손아래 누이 매	ㄴ ㄴ ㄴ 女 女 妒 妹 妹					
	女부수 (총8획)						
	姉妹 (자매) 義男妹 (의남매)	妹	妹				

麥	보리 맥	一 厂 厂 來 來 來 夾 夾 夾 麥 麥					
	麥부수 (총11획)						
	麥酒 (맥주) 麥雨 (맥우)	麥	麥				

免	면할 면	ㄱ ㄱ 亻 邙 岛 免 免 免					
	儿부수 (총8획)						
	赦免 (사면) 免除 (면제)	免	免				

勉	힘쓸 면	ㄱ ㄱ 亻 邙 岛 免 免 免 勉					
	力부수 (총9획)						
	勤勉 (근면) 勉學 (면학)	勉	勉				

面	얼굴 면	一 一 一 而 而 而 而 面 面					
	面부수 (총9획)						
	局面 (국면) 外面 (외면)	面	面				

眠	잘 면	ㅣ ㅣ ㅣ ㅣ ㅣ 目 盯 盯 眠 眠					
	目부수 (총10획)						
	休眠 (휴면) 不眠症 (불면증)	眠	眠				

名	이름 명	ㅣ ㄱ �夕 夕 名 名					
	口부수 (총6획)						
	名分 (명분) 匿名 (익명)	名	名				

命	목숨 명	ノ 人 人 合 合 命 命					
	口부수 (총8획)	命	命				
	運命 (운명) 宿命 (숙명)						

明	밝을 명	丨 刀 月 日 日 明 明 明					
	日부수 (총8획)	明	明				
	糾明 (규명) 淸明 (청명)						

鳴	울 명	丨 口 口 口 叩 叩 咱 咱 鳴 鳴 鳴 鳴 鳴					
	鳥부수 (총14획)	鳴	鳴				
	悲鳴 (비명) 共鳴 (공명)						

母	어머니 모	乚 丄 刀 刃 母					
	母부수 (총5획)	母	母				
	父母 (부모) 祖母 (조모)						

毛	털 모	一 二 三 毛					
	毛부수 (총4획)	毛	毛				
	毛皮 (모피) 不毛 (불모)						

暮	저물 모	一 十 艹 芦 芦 莒 莫 莫 莫 暮 暮 暮					
	日부수 (총15획)	暮	暮				
	旦暮 (단모) 一暮 (일모)						

木	나무 목	一 十 才 木					
	木부수 (총4획)	木	木				
	木工 (목공) 木材 (목재)						

目	눈 목	丨 冂 月 目 目					
	目부수 (총5획)	目	目				
	目的 (목적) 刮目 (괄목)						

卯	토끼/넷째지지 묘	一 亅 丣 卯 卯					
	卩부수 (총5획)	卯	卯				
	卯時 (묘시) 己卯 (기묘)						

妙	**묘할 묘**	ㄑ 夕 女 奵 奵 妙 妙					
	女부수 (총7획)						
	妙齡 (묘령) 巧妙 (교묘)	妙	妙				

戊	**다섯째 천간 무**	ノ 厂 厂 戊 戊					
	戈부수 (총5획)						
	戊夜 (무야) 戊戌酒 (무술주)	戊	戊				

茂	**무성할 무**	一 十 十 卅 芦 芦 芹 茂 茂					
	艹부수 (총9획)						
	茂盛 (무성) 茂林 (무림)	茂	茂				

武	**호반 무**	一 二 干 干 丁 武 武					
	止부수 (총8획)						
	武器 (무기) 武力 (무력)	武	武				

務	**힘쓸 무**	ㄱ ㄱ ㄫ 予 矛 矛 矛 矜 矜 務 務					
	力부수 (총11획)						
	業務 (업무) 義務 (의무)	務	務				

無	**없을 무**	ノ ヒ ヒ ㅌ 冇 缶 無 無 無 無 無 無					
	灬부수 (총12획)						
	無視 (무시) 無辜 (무고)	無	無				

舞	**춤출 무**	ノ ヒ ヒ ㅌ 冇 缶 舞 舞 舞 舞 舞 舞					
	舛부수 (총14획)						
	舞踊 (무용) 舞蹈 (무도)	舞	舞				

墨	**먹 묵**	丨 冂 冂 冈 罒 罒 里 黑 黑 黑 黑 黑 墨 墨					
	土부수 (총15획)						
	筆墨 (필묵) 水墨畫 (수묵화)	墨	墨				

門	**문 문**	丨 冂 冂 冃 冃 門 門 門					
	門부수 (총8획)						
	部門 (부문) 名門 (명문)	門	門				

問	물을 문	丨 冂 冂 冋 閂 閅 門 門 門 問 問					
	口부수 (총11획)	問 問					
	疑問 (의문) 學問 (학문)						

聞	들을 문	丨 冂 冂 冋 門 門 門 問 問 問 聞 聞					
	耳부수 (총14획)	聞 聞					
	見聞 (견문) 聽聞會 (청문회)						

文	글월 문	丶 宀 ナ 文					
	文부수 (총4획)	文 文					
	文化 (문화) 文章 (문장)						

勿	말 물	丿 勹 勽 勿					
	勹부수 (총4획)	勿 勿					
	勿念 (물념) 勿用 (물용)						

物	만물 물	丿 广 牛 牛 牜 物 物 物					
	牛부수 (총8획)	物 物					
	物質 (물질) 生物 (생물)						

米	쌀 미	丶 丷 丷 半 米 米					
	米부수 (총6획)	米 米					
	玄米 (현미) 米飮 (미음)						

未	아닐 미	一 二 十 才 未					
	木부수 (총5획)	未 未					
	未洽 (미흡) 未熟 (미숙)						

味	맛 미	丨 冂 冋 叮 吀 吁 吽 味					
	口부수 (총8획)	味 味					
	趣味 (취미) 別味 (별미)						

美	아름다울 미	丶 丷 羊 羊 羊 羊 羊 美 美					
	羊부수 (총9획)	美 美					
	甘美 (감미) 美德 (미덕)						

尾

꼬리 미

尸부수 (총7획)

尾行 (미행)
結尾 (결미)

ㄱ ㅋ 尸 尸 尸 尸 尾

尾 尾

民

백성 민

氏부수 (총5획)

庶民 (서민)
住民 (주민)

ㄱ ㅋ 巳 巳 民

民 民

密

빽빽할 밀

宀부수 (총11획)

緻密 (치밀)
密着 (밀착)

丶 丷 宀 宀 宓 宓 宓 宓 密 密 密

密 密

朴

성씨 박

木부수 (총6획)

淳朴 (순박)
素朴 (소박)

一 十 才 木 朩 朴

朴 朴

反

돌이킬 반

又부수 (총4획)

反撥 (반발)
反映 (반영)

一 厂 反 反

反 反

飯

밥 반

食부수 (총13획)

飯酒 (반주)
朝飯 (조반)

丿 人 亼 今 今 今 食 食 食 飣 飯 飯 飯

飯 飯

半

반 반

十부수 (총5획)

過半 (과반)
半夜 (반야)

丶 丷 亠 亼 半

半 半

發

필 발

癶부수 (총12획)

發展 (발전)
發生 (발생)

フ ヲ ヺ 癶 癶 癶 癶 發 發 發 發 發

發 發

方

모 방

方부수 (총4획)

方針 (방침)
方面 (방면)

丶 亠 亍 方

方 方

房	방 房	` ⼀ ⼇ ⼾ ⼾ ⼾ 房 房						
	戶부수 (총8획)	房 房						
	廚房 (주방) 藥房 (약방)							

防	막을/둑 방	` ⼆ ⻖ ⻖ ⼶ 防 防						
	阝부수 (총7획)	防 防						
	豫防 (예방) 防止 (방지)							

放	놓을 방	` ⼀ ⽅ ⽅ ⽅ ⽅ ⽅ 放						
	攵부수 (총8획)	放 放						
	開放 (개방) 放漫 (방만)							

訪	찾을 방	` ⼀ ⼆ ⾔ ⾔ ⾔ ⾔ 訪 訪						
	言부수 (총11획)	訪 訪						
	訪韓 (방한) 探訪 (탐방)							

拜	절 배	` ⼆ ⼿ ⼿ 拜 拜						
	手부수 (총9획)	拜 拜						
	崇拜 (숭배) 拜金 (배금)							

杯	잔 배	⼀ ⼗ ⽊ ⽊ 杯 杯						
	木부수 (총8획)	杯 杯						
	苦杯 (고배) 乾杯 (건배)							

白	흰 백	` ⼁ ⽩ ⽩ 白						
	白부수 (총5획)	白 白						
	告白 (고백) 獨白 (독백)							

百	일백 백	⼀ ⼂ ⾕ ⾕ ⾕ 百						
	白부수 (총6획)	百 百						
	百姓 (백성) 百聞 (백문)							

番	차례 번	` ⼂ ⾕ 平 平 采 采 番 番 番						
	田부수 (총12획)	番 番						
	番號 (번호) 當番 (당번)							

伐	**칠 벌**	ノ イ イ 代 伐 伐						
	亻부수 (총6획)	伐	伐					
	討伐 (토벌) 征伐 (정벌)							

凡	**무릇 범**	ノ 几 凡						
	几부수 (총3획)	凡	凡					
	非凡 (비범) 凡愚 (범우)							

法	**법 법**	` ` 氵 氵 沣 沣 法 法						
	氵부수 (총8획)	法	法					
	憲法 (헌법) 便法 (편법)							

變	**변할 변**	變變變變變變變變變變變變變						
	言부수 (총23획)	變	變					
	變化 (변화) 變數 (변수)							

別	**다를 별**	丨 口 口 另 另 別 別						
	刂부수 (총7획)	別	別					
	差別 (차별) 各別 (각별)							

丙	**남녘 병**	一 丆 丙 丙 丙						
	一부수 (총5획)	丙	丙					
	丙寅 (병인) 丙子胡亂 (병자호란)							

病	**병 병**	亠 广 广 疒 疒 疒 病 病 病						
	疒부수 (총10획)	病	病					
	發病 (발병) 問病 (문병)							

兵	**병사 병**	一 厂 F 斤 丘 乒 兵						
	八부수 (총7획)	兵	兵					
	派兵 (파병) 兵役 (병역)							

保	**보전할 보**	ノ イ イ 仁 仴 俨 俣 保 保						
	亻부수 (총9획)	保	保					
	保障 (보장) 確保 (확보)							

步	**걸음 보**	ㅣ ㅏ ㅏ ㅏ ㅗ ㅗ ㅗ ㅗ 步						
	止부수 (총7획)	步	步					
	進步 (진보) 踏步 (답보)							

報	**갚을 보**	一 十 土 ᆂ 赤 走 查 幸 幸 報 報 報						
	土부수 (총12획)	報	報					
	報道 (보도) 弘報 (홍보)							

福	**복 복**	一 亍 亍 礻 礻 礻 礻 礻 礻 福 福 福 福						
	礻부수 (총14획)	福	福					
	福祉 (복지) 冥福 (명복)							

伏	**엎드릴 복**	ノ イ 仁 什 伏 伏						
	亻부수 (총6획)	伏	伏					
	降伏 (항복) 三伏 (삼복)							

服	**옷 복**	ㅣ ㅐ 月 月 肝 服 服 服						
	月부수 (총8획)	服	服					
	克服 (극복) 衣服 (의복)							

復	**회복할 복/다시 부**	ノ ノ イ イ 彳 彳 祍 袒 袒 復 復 復						
	彳부수 (총12획)	復	復					
	復歸 (복귀) 復活 (부활)							

本	**근본 본**	一 十 才 木 本						
	木부수 (총5획)	本	本					
	根本 (근본) 資本 (자본)							

奉	**받들 봉**	一 二 三 丰 夫 表 表 奉						
	大부수 (총8획)	奉	奉					
	奉仕 (봉사) 奉化 (봉화)							

逢	**만날 봉**	ノ ク 欠 冬 冬 夆 夆 夆 逢 逢						
	⻌부수 (총11획)	逢	逢					
	逢變 (봉변) 逢着 (봉착)							

夫	사나이 부	一 二 ナ 夫					
	大부수 (총4획)	夫 夫					
	夫人 (부인) 夫君 (부군)						

扶	도울 부	一 ナ 扌 扩 扶 扶					
	扌부수 (총7획)	扶 扶					
	扶養 (부양) 扶助 (부조)						

父	아버지 부	ノ ハ グ 父					
	父부수 (총4획)	父 父					
	父母 (부모) 家父 (가부)						

富	부자 부	丶 宀 宀 宀 宎 宑 宲 富 富 富 富					
	宀부수 (총12획)	富 富					
	豊富 (풍부) 貧富 (빈부)						

部	떼 부	一 ㇄ 立 立 咅 咅 咅 咅ㄣ 咅ㄗ 部					
	阝부수 (총11획)	部 部					
	部分 (부분) 部品 (부품)						

婦	며느리 부	𡿨 𡿨 女 女′ 妒 妒 妒 妒 婦 婦 婦					
	女부수 (총11획)	婦 婦					
	主婦 (주부) 新婦 (신부)						

否	아닐 부/막힐 비	一 丆 不 不 否 否 否					
	口부수 (총7획)	否 否					
	拒否 (거부) 否定 (부정)						

浮	뜰 부	丶 丶 氵 氵 浮 浮 浮 浮 浮 浮					
	氵부수 (총10획)	浮 浮					
	浮刻 (부각) 浮上 (부상)						

北	북녘 북/달아날 배	丨 丬 非 北 北					
	匕부수 (총5획)	北 北					
	南北 (남북) 敗北 (패배)						

分	나눌 분	ノ ハ 分 分					
	刀부수 (총4획)						
	分析 (분석) 充分 (충분)	分	分				

不	아닐 불/아니 부	一 ア 不 不					
	一부수 (총4획)						
	不拘 (불구) 不可避 (불가피)	不	不				

佛	부처 불	ノ イ 仁 仔 仸 佛 佛					
	イ부수 (총7획)						
	佛敎 (불교) 佛道 (불도)	佛	佛				

朋	벗 붕	ノ 刀 月 月 刖 刖 朋 朋					
	月부수 (총8획)						
	朋友 (붕우) 佳朋 (가붕)	朋	朋				

比	견줄 비	一 上 上 比					
	比부수 (총4획)						
	比喩 (비유) 比率 (비율)	比	比				

非	아닐 비	ノ ナ ヲ ヺ 爿 非 非 非					
	非부수 (총8획)						
	是非 (시비) 非常 (비상)	非	非				

悲	슬플 비	ノ ナ ヲ ヺ 爿 非 非 非 非 悲 悲 悲					
	心부수 (총12획)						
	悲劇 (비극) 悲嘆 (비탄)	悲	悲				

飛	날 비	㇂ ㇂ ㇂ 飞 飞 飛 飛 飛 飛					
	飛부수 (총9획)						
	飛火 (비화) 飛行 (비행)	飛	飛				

鼻	코 비	ノ 自 自 自 自 户 鳥 鳥 鳥 畠 畠 鼻 鼻					
	鼻부수 (총14획)						
	鼻炎 (비염) 鼻音 (비음)	鼻	鼻				

備	갖출 비	ノ イ イ- イ- イ- イ- イ- イ- 偌 備 備 備
	亻부수 (총12획)	備 備
	對備 (대비) 設備 (설비)	

貧	가난할 빈	ノ 八 分 分 分 貧 貧 貧 貧 貧 貧
	貝부수 (총11획)	貧 貧
	貧困 (빈곤) 貧血 (빈혈)	

氷	얼음 빙	丿 冫 거 水 氷
	水부수 (총5획)	氷 氷
	氷河 (빙하) 流氷 (유빙)	

四	넉 사	丨 冂 丌 四 四
	口부수 (총5획)	四 四
	四寸 (사촌) 四方 (사방)	

巳	뱀 사	ㄱ ㄹ 巳
	己부수 (총3획)	巳 巳
	乙巳 (을사) 巳正 (사정)	

士	선비 사	一 十 士
	士부수 (총3획)	士 士
	博士 (박사) 士兵 (사병)	

仕	벼슬/섬길 사	ノ イ 仁 什 仕
	亻부수 (총5획)	仕 仕
	勤仕 (근사) 出仕 (출사)	

寺	절 사/관청 시	一 十 土 土 寺 寺
	寸부수 (총6획)	寺 寺
	寺院 (사원) 山寺 (산사)	

史	역사 사	丨 口 口 史 史
	口부수 (총5획)	史 史
	史記 (사기) 歷史 (역사)	

46

使	부릴/하여금 사	ノ イ イ 仁 仁 乍 使 使				
	亻부수 (총8획)	使 使				
	使用 (사용) 行使 (행사)					

舍	집 사	ノ 人 人 人 全 全 舍 舍				
	舌부수 (총8획)	舍 舍				
	庫舍 (고사) 廳舍 (청사)					

射	쏠 사	′ ′ 门 自 身 身 身 射 射				
	寸부수 (총10획)	射 射				
	發射 (발사) 注射 (주사)					

謝	사례할 사	言 言 言 言 言 訃 訃 訃 謝 謝 謝				
	言부수 (총17획)	謝 謝				
	謝過 (사과) 謝罪 (사죄)					

師	스승 사	′ イ 乍 乍 自 自 自 師 師 師				
	巾부수 (총10획)	師 師				
	醫師 (의사) 講師 (강사)					

死	죽을 사	一 一 万 歹 歹 死				
	歹부수 (총6획)	死 死				
	生死 (생사) 慘死 (참사)					

私	사사로울 사	′ 二 千 禾 禾 私 私				
	禾부수 (총7획)	私 私				
	私學 (사학) 私的 (사적)					

絲	실 사	′ 幺 幺 乡 糸 糸 糸 絆 絆 絆 絲 絲				
	糸부수 (총12획)	絲 絲				
	絹絲 (견사) 鐵絲 (철사)					

思	생각 사	l 冂 冃 田 田 思 思 思				
	心부수 (총9획)	思 思				
	思考 (사고) 思想 (사상)					

事	일 사	一 一 一 一 一 马 写 事					
	J부수 (총8획)						
	事態 (사태) 事例 (사례)	事	事				

山	메 산	｜ 山 山					
	山부수 (총3획)						
	山羊 (산양) 山脈 (산맥)	山	山				

産	낳을 산	亠 亠 立 产 产 产 产 産 産					
	生부수 (총11획)						
	財産 (재산) 産業 (산업)	産	産				

散	흩어질 산	一 十 艹 丗 丗 昔 昔 昔 散 散 散					
	攵부수 (총12획)						
	擴散 (확산) 解散 (해산)	散	散				

算	셈할 산	ノ 卜 牛 牛 竻 竻 竹 笛 笛 筲 笪 算 算					
	竹부수 (총14획)						
	豫算 (예산) 推算 (추산)	算	算				

殺	죽일 살/감할 쇄	ノ 乂 亍 产 羊 羊 羊 羊 約 殺 殺					
	殳부수 (총11획)						
	被殺 (피살) 相殺 (상쇄)	殺	殺				

三	석 삼	一 二 三					
	一부수 (총3획)						
	三國志 (삼국지) 三足烏 (삼족오)	三	三				

上	위 상	｜ 卜 上					
	一부수 (총3획)						
	上昇 (상승) 頂上 (정상)	上	上				

尚	오히려 상	｜ 丨 小 竹 浴 浴 尚 尚					
	小부수 (총8획)						
	尚存 (상존) 崇尚 (숭상)	尚	尚				

常	떳떳할/항상 상	` ` ` `" `" `" `" `" 常 常					
	巾부수 (총11획)	常 常					
	常住 (상주) 常識 (상식)						

賞	상줄 상	` ` `" `" `" `" `" 賞 賞 賞					
	貝부수 (총15획)	賞 賞					
	鑑賞 (감상) 受賞 (수상)						

商	장사 상	` ` ` ` ` 产 产 产 商 商 商					
	口부수 (총11획)	商 商					
	協商 (협상) 通商 (통상)						

相	서로 상	一 十 才 木 杧 柏 相 相 相					
	目부수 (총9획)	相 相					
	樣相 (양상) 相對 (상대)						

霜	서리 상	一 厂 戶 币 帝 帝 雪 雫 霜 霜 霜 霜 霜					
	雨부수 (총17획)	霜 霜					
	風霜 (풍상) 砒霜 (비상)						

想	생각 상	一 十 才 木 杧 柏 相 相 相 想 想 想					
	心부수 (총13획)	想 想					
	豫想 (예상) 思想 (사상)						

傷	다칠 상	ノ イ イ 伫 伫 伫 伫 伫 伫 傷 傷 傷					
	亻부수 (총13획)	傷 傷					
	損傷 (손상) 負傷 (부상)						

喪	잃을 상	一 十 十 吉 吉 吉 吉 吉 吏 喪 喪 喪					
	口부수 (총12획)	喪 喪					
	喪失 (상실) 弔喪 (조상)						

色	빛 색	ノ ク ク 숨 色 色					
	色부수 (총6획)	色 色					
	色彩 (색채) 丹色 (단색)						

✅ 20일 완성 평가 2

1. 다음 문장에서 등장하는 한자의 독음(읽는 소리)을 (   ) 안에 쓰시오.

1) 지난해보다 물가가 上승했다. (   )

2) 우리 형은 박士 학위를 받았다. (   )

3) 도시의 빈富격차를 해소해야 한다. (   )

4) 우리는 새로운 變화가 필요하다. (   )

5) 작전을 치密하게 세워야 한다. (   )

6) 수풀이 茂성하게 자라 있었다. (   )

7) 우리 학교는 勉학 분위기에 힘쓴다. (   )

8) 장사는 利익이 남아야 한다. (   )

9) 독도는 우리 領토이다. (   )

10) 음樂을 들으면 마음이 즐겁다. (   )

2. 밑줄 친 말에 해당하는 한자를 <보기>에서 찾아 번호를 쓰시오.

> 보기 ▶ ①命 ②留 ③私 ④物 ⑤本 ⑥連 ⑦百 ⑧喪 ⑨忘 ⑩飛

1) 두 다리를 서로 연결해 보자. (   )

2) 이곳에 이틀 정도 더 머무를 예정입니다. (   )

3) 요즘 지난 일을 자꾸 잊어버린다. (   )

4) 사람의 목숨은 뜻대로 되지 않는다. (   )

5) 봄은 만물이 소생하는 계절이다. (   )

6) 일백 명의 국민이 광장에 모였다. (   )

7) 일이 일어난 근본부터 파악해 보자. (   )

8) 종이비행기가 멋지게 하늘을 날기 시작했다. (   )

9) 큰일을 도모하려면 사사로운 감정에 빠지면 안 된다. (   )

10) 부모를 잃은 후 힘든 시간을 보냈다. (   )

3. 한자의 훈(뜻)과 음(소리)을 쓰시오.

1) 散 →

2) 射 →

3) 備 →

4) 服 →

5) 發 →

6) 舞 →

7) 眠 →

8) 晚 →

9) 論 →

10) 歷 →

4. 다음 내용에 알맞은 사자성어를 <보기>에서 찾아 번호를 쓰시오.

보기 ▶ ① 馬耳東風(마이동풍) ② 亡子計齒(망자계치)
③ 明明白白(명명백백) ④ 殺身成仁(살신성인) ⑤ 朋友有信(붕우유신)
⑥ 反哺之孝(반포지효) ⑦ 文房四友(문방사우) ⑧ 事必歸正(사필귀정)
⑨ 燈下不明(등하불명) ⑩ 莫逆之友(막역지우)

1) 말 귀에 부는 동풍이라는 뜻으로 봄바람이 불어도 말은 모른다는 말이다. (   )

2) 자식이 커서 부모를 봉양함을 뜻하며, 효를 말한다. (   )

3) 글방의 네 가지 친구라는 뜻으로 종이, 붓, 벼루, 먹을 가리킨다. (   )

4) 가까이 있는 것이 오히려 찾기가 힘들다는 말이다. (   )

5) 모든 일은 결국에 가서는 바르게 시비가 가려진다는 뜻이다. (   )

6) 친구 사이에는 믿음이 있어야 한다는 뜻이다. (   )

7) 마음이 맞아 서로 거슬리는 일이 없다는 뜻이다. (   )

8) 이미 지나간 쓸데없는 일을 생각하고 애석해 한다는 뜻이다. (   )

9) 의심의 여자가 없이 매우 뚜렷하다는 뜻으로, 명백함을 말한다. (   )

10) 바른 일을 위해 자신을 희생한다는 말이다. (   )

✅ 함께 익히면 좋은 사자성어

燈下不明

등하불명 등잔 등 아래 하 아닐 불 밝을 명

등잔 밑이 어둡다는 뜻으로, 가까이 있는 것을 찾기가 오히려 힘들거나 남의 일은 잘 알아도 자신의 일은 모른다는 말이다.

등	하	불	명		등	하	불	명

馬耳東風

마이동풍 말 마 귀 이 동쪽 동 바람 풍

말 귀에 부는 동풍이라는 뜻으로, 따뜻한 봄바람이 귀에 불어와도 말은 그것을 알지 못한다는 말이다.

마	이	동	풍		마	이	동	풍

亡子計齒

망자계치 망할 망 아들 자 셈할 계 이 치

죽은 자식의 나이를 세어본다는 뜻으로, 이미 지나간 쓸데없는 일을 생각하고 애석해 한다는 말이다.

망	자	계	치		망	자	계	치

明明白白

명명백백 밝을 명 밝을 명 흰 백 흰 백

의심의 여지가 없이 매우 뚜렷하다는 뜻으로, 명백함을 말한다.

명	명	백	백		명	명	백	백

文房四友

문방사우 글월 문 방 방 넉 사 벗 우

글방의 네 가지 친구라는 뜻으로,
종이, 붓, 벼루, 먹을 가리킨다.

문	방	사	우

문	방	사	우

反哺之孝

반포지효 돌이킬 반 먹일 포 갈 지 효도 효

까마귀 새끼가 자란 뒤에 늙은 어미에게 먹을 것을 물어다 주는
효라는 뜻으로, 자식이 커서 부모를 봉양함을 말한다.

반	포	지	효

반	포	지	효

朋友有信

붕우유신 벗 붕 벗 우 있을 유 믿을 신

친구 사이에는 믿음이 있어야 한다는 뜻으로,
인간 사이의 윤리인 오륜(五倫) 중 하나이다.

붕	우	유	신

붕	우	유	신

事必歸正

사필귀정 일 사 반드시 필 돌아갈 귀 바를 정

모든 일은 바르게 되돌아간다는 뜻으로, 무릇 모든 일은
결국에 가서는 바르게 시비가 가려지게 된다는 말이다.

사	필	귀	정

사	필	귀	정

生	날 생	ノ ヒ ヒ 牛 生 生					
	生부수 (총5획)						
	發生 (발생) 先生 (선생)	生	生				

西	서녘 서	一 丆 而 币 西 西					
	襾부수 (총6획)						
	西海 (서해) 東西 (동서)	西	西				

序	차례 서	丶 亠 广 庀 序 序 序					
	广부수 (총7획)						
	秩序 (질서) 序列 (서열)	序	序				

書	글 서	一 ᄀ ᄏ ᆿ ᆿ 聿 書 書 書 書					
	日부수 (총10획)						
	書翰 (서한) 讀書 (독서)	書	書				

暑	더울 서	丨 冂 日 日 旦 早 昇 昇 昇 昇 暑 暑 暑					
	日부수 (총13획)						
	處暑 (처서) 避暑 (피서)	暑	暑				

石	돌 석	一 ᅡ 丆 石 石					
	石부수 (총5획)						
	石炭 (석탄) 隕石 (운석)	石	石				

夕	저녁 석	ノ 勹 夕					
	夕부수 (총3획)						
	秋夕 (추석) 朝夕 (조석)	夕	夕				

昔	예 석	一 十 卄 丗 芒 昔 昔 昔					
	日부수 (총8획)						
	昔歲 (석세) 今昔 (금석)	昔	昔				

惜	아낄 석	丶 丶 忄 忄 忄 惜 惜 惜 惜 惜 惜					
	忄부수 (총11획)						
	惜別 (석별) 賣惜 (매석)	惜	惜				

席	자리 석	` 亠 广 广 户 庐 庐 庐 唐 席					
	巾부수 (총10획)	席 席					
	參席 (참석) 座席 (좌석)						

先	먼저 선	ノ ᅩ ⺧ 生 先 先					
	儿부수 (총6획)	先 先					
	先輩 (선배) 先烈 (선열)						

仙	신선 선	ノ 亻 仴 仴 仙					
	亻부수 (총5획)	仙 仙					
	神仙 (신선) 仙女 (선녀)						

線	줄 선	` �581 糹 糸 糸 紗 紳 綿 線					
	糸부수 (총15획)	線 線					
	混線 (혼선) 視線 (시선)						

鮮	고울 선	ノ ⺈ 勹 角 角 魚 魚 魚 鮇 鮮 鮮					
	魚부수 (총17획)	鮮 鮮					
	鮮明 (선명) 鮮血 (선혈)						

善	착할 선	` ⺍ 羊 羊 羊 羊 羔 差 善 善					
	口부수 (총12획)	善 善					
	改善 (개선) 善意 (선의)						

船	배 선	ノ 丆 力 角 舟 舟 舮 船 船					
	舟부수 (총11획)	船 船					
	船舶 (선박) 漁船 (어선)						

選	가릴 선	⺋ 弓 弔 弜 単 巽 巽 選 選					
	辶부수 (총16획)	選 選					
	選擇 (선택) 總選 (총선)						

舌	혀 설	⺈ 二 千 舌 舌 舌					
	舌부수 (총6획)	舌 舌					
	舌戰 (설전) 牛舌 (우설)						

雪	눈 설	一 厂 厂 午 乕 乕 雨 雨 雪 雪 雪				
	雨부수 (총11획)	雪	雪			
	暴雪 (폭설) 雪景 (설경)					

說	말씀 설	一 二 言 言 言 言 言 言 訃 訃 訥 說				
	言부수 (총14획)	說	說			
	演說 (연설) 說得 (설득)					

設	베풀 설	一 二 言 言 言 言 言 訃 訃 設				
	言부수 (총11획)	設	設			
	設令 (설령) 設備 (설비)					

姓	성씨 성	ㄴ 乆 女 女 女 妒 妒 姓 姓				
	女부수 (총8획)	姓	姓			
	姓名 (성명) 姓氏 (성씨)					

性	성품 성	' ' 忄 忄 忄 忙 性 性				
	忄부수 (총8획)	性	性			
	性格 (성격) 蓋然性 (개연성)					

成	이룰 성	丿 厂 厂 厅 成 成 成				
	戈부수 (총7획)	成	成			
	成熟 (성숙) 成就 (성취)					

城	성 성	一 十 土 圤 圬 圬 圹 城 城 城				
	土부수 (총10획)	城	城			
	城郭 (성곽) 山城 (산성)					

誠	정성 성	一 二 言 言 言 言 言 訂 訢 訢 誠 誠 誠				
	言부수 (총14획)	誠	誠			
	精誠 (정성) 誠意 (성의)					

盛	성할 성	丿 厂 厂 厅 成 成 成 成 盛 盛 盛 盛				
	皿부수 (총12획)	盛	盛			
	茂盛 (무성) 旺盛 (왕성)					

省	살필 성/덜 생	⼃ ⼄ ⼩ 少 少 省 省 省 省					
	目부수 (총9획)	省 省					
	省察 (성찰) 反省 (반성)						

星	별 성	⼁ ⼕ ⼌ ⽇ ⽇ ⺊ ⺊ 星 星					
	日부수 (총9획)	星 星					
	彗星 (혜성) 恒星 (항성)						

聖	성인 성	一 ⼕ ⼕ ⼕ ⺕ ⽿ ⽿ 耶 耶 聖 聖 聖 聖					
	耳부수 (총13획)	聖 聖					
	聖人 (성인) 聖域 (성역)						

聲	소리 성	一 ⼠ ⼠ ⼠ ⼠ 声 殸 殸 殸 聲 聲 聲					
	耳부수 (총17획)	聲 聲					
	聲援 (성원) 歎聲 (탄성)						

世	인간/대 세	一 ⼗ 卅 廿 世					
	一부수 (총5획)	世 世					
	世襲 (세습) 世界 (세계)						

洗	씻을 세	⼂ ⼂ ⼆ ⼺ ⼸ 汁 洪 洪 洗					
	⺡부수 (총9획)	洗 洗					
	洗濯 (세탁) 洗禮 (세례)						

稅	세금 세	⼀ ⼆ ⼿ ⽲ ⽲ ⽲ 秒 秒 秒 秒 秒 稅					
	禾부수 (총12획)	稅 稅					
	稅金 (세금) 課稅 (과세)						

細	가늘 세	⼂ ⼄ ⼅ ⽷ 糸 糸 細 細 細 細 細					
	糸부수 (총11획)	細 細					
	細胞 (세포) 詳細 (상세)						

勢	형세 세	一 ⼗ ⼟ ⼾ 夫 坴 坴 刲 執 執 勢 勢					
	力부수 (총13획)	勢 勢					
	趨勢 (추세) 攻勢 (공세)						

歲	해 세 止부수 (총13획) 歲月 (세월) 歲拜 (세배)	⺊ ⺊ ⺊ 步 步 芦 芦 芦 芦 芦 歲 歲 歲 歲 歲				

小	작을 소 小부수 (총3획) 縮小 (축소) 小說 (소설)	⎒ ⼩ 小 小 小				

少	적을/젊을 소 小부수 (총4획) 些少 (사소) 略少 (약소)	⎒ ⼩ 小 少 少 少				

所	바 소 戶부수 (총8획) 所得 (소득) 場所 (장소)	⼀ ⼀ ⼾ 戶 所 所 所 所 所 所				

消	사라질 소 氵부수 (총10획) 消息 (소식) 解消 (해소)	⎔ ⎔ 氵 氵 氵 氵 沪 消 消 消 消 消				

素	본디 소 糸부수 (총10획) 素材 (소재) 素朴 (소박)	⼀ ⼆ 丰 丰 丰 麦 麦 素 素 素 素 素				

笑	웃음 소 竹부수 (총10획) 談笑 (담소) 嘲笑 (조소)	⼂ ⼂ ⺮ ⺮ ⺮ ⺮ 竺 竺 竺 笑 笑 笑				

俗	풍속 속 亻부수 (총9획) 俗談 (속담) 風俗 (풍속)	⼂ 亻 亻 俨 俨 俗 俗 俗 俗 俗 俗				

速	빠를 속 辶부수 (총11획) 拙速 (졸속) 風速 (풍속)	⼀ ⼀ 百 百 市 束 束 涑 涑 速 速 速 速				

58

續	이을 속	´ ㄠ 糹 糽 紵 綪 綪 續 續 續					
	糸부수 (총21획)	續 續					
	持續 (지속) 接續 (접속)						

孫	손자 손	⁊ ⁊ 孑 孑 孖 孫 孫 孫 孫 孫					
	子부수 (총10획)	孫 孫					
	後孫 (후손) 世孫 (세손)						

松	소나무 송	一 十 オ 木 朴 杪 松 松					
	木부수 (총8획)	松 松					
	松竹 (송죽) 松柏 (송백)						

送	보낼 송	´ ㇀ 㝏 㝏 㝐 关 关 浂 送 送					
	辶부수 (총10획)	送 送					
	送還 (송환) 輸送 (수송)						

水	물 수	亅 기 水 水					
	水부수 (총4획)	水 水					
	水準 (수준) 水位 (수위)						

手	손 수	´ 二 三 手					
	手부수 (총4획)	手 手					
	手段 (수단) 着手 (착수)						

受	받을 수	´ ⺈ ⺈ 皿 皿 受 受					
	又부수 (총8획)	受 受					
	受諾 (수락) 接受 (접수)						

授	줄 수	一 扌 扌 扩 扩 扲 扲 押 押 授 授					
	扌부수 (총11획)	授 授					
	教授 (교수) 授業 (수업)						

首	머리 수	` ` 丷 丷 产 首 首 首 首					
	首부수 (총9획)	首 首					
	首都 (수도) 首肯 (수긍)						

守	지킬 守	ㆍ ㆍ ㆍ 宀 宀 守 守					
	宀부수 (총6획)	守 守					
	遵守 (준수) 守護 (수호)						

收	거둘 收	ㅣ ㅣ ㅛ ㅛ 收 收					
	攵부수 (총6획)	收 收					
	收斂 (수렴) 收拾 (수습)						

誰	누구 誰	言 言 言 言 言 訐 訐 誰 誰 誰					
	言부수 (총15획)	誰 誰					
	誰何 (수하) 誰某 (수모)						

須	모름지기 須	ㆍ ㆍ ㆍ 彡 彡 彡 須 須 須 須 須					
	頁부수 (총12획)	須 須					
	必須 (필수) 須要 (수요)						

雖	비록 雖	ㅁ ㅁ 吕 吕 咢 咢 咢 雖 雖 雖					
	隹부수 (총17획)	雖 雖					
	雖然 (수연) 雖小唯椒 (수소유초)						

愁	근심 愁	ㆍ ㆍ 千 禾 禾 禾 秋 秋 秋 愁 愁 愁					
	心부수 (총13획)	愁 愁					
	憂愁 (우수) 愁心 (수심)						

樹	나무 樹	木 木 杧 桔 桔 桔 桔 樹 樹					
	木부수 (총16획)	樹 樹					
	樹立 (수립) 針葉樹 (침엽수)						

壽	목숨 壽	一 士 吉 吉 吉 吉 责 责 责 壽 壽					
	士부수 (총14획)	壽 壽					
	長壽 (장수) 天壽 (천수)						

數	셈 數	口 口 田 串 串 婁 婁 婁 數 數					
	攵부수 (총15획)	數 數					
	數値 (수치) 額數 (액수)						

修	닦을 수	ノ イ イ′ 伫 伫 伫 修 修 修					
	イ부수 (총10획)	修 修					
	修正 (수정) 修辭 (수사)						

秀	빼어날 수	ノ 二 千 禾 禾 秀 秀					
	禾부수 (총7획)	秀 秀					
	秀才 (수재) 俊秀 (준수)						

叔	아저씨 숙	ノ 上 上 チ ま ま 叔 叔					
	又부수 (총8획)	叔 叔					
	叔伯 (숙백) 叔弟 (숙제)						

淑	맑을 숙	` ` 氵 汁 汁 汁 沽 沽 沫 淑 淑					
	氵부수 (총11획)	淑 淑					
	淑女 (숙녀) 貞淑 (정숙)						

宿	잘 숙	` ` 宀 宀 宀 宀 宀 宿 宿 宿					
	宀부수 (총11획)	宿 宿					
	宿命 (숙명) 宿願 (숙원)						

順	순할 순	ノ 丿 川 厂 厂 厂 順 順 順 順 順					
	頁부수 (총12획)	順 順					
	順理 (순리) 順調 (순조)						

純	순수할 순	` ` 幺 幺 糸 糸 糸 紅 紅 純					
	糸부수 (총10획)	純 純					
	單純 (단순) 不純 (불순)						

戌	개 술	ノ 厂 厂 戌 戌 戌					
	戈부수 (총6획)	戌 戌					
	戌時 (술시) 壬戌 (임술)						

崇	높을 숭	` 屵 屵 屵 屵 崒 崒 崒 崇 崇					
	山부수 (총11획)	崇 崇					
	崇拜 (숭배) 崇高 (숭고)						

習	익힐 習	ㄱ ㄱ ㄱ ㄱㄱ ㄱㄲ ㄱㄲ ㄱㄲ 習 習 習					
	羽부수 (총11획)	習	習				
	慣習 (관습) 復習 (복습)						

拾	주울 習/열 십	一 扌 扌 扩 扩 拎 拾 拾 拾					
	扌부수 (총9획)	拾	拾				
	收拾 (수습) 拾得 (습득)						

乘	탈 승	一 二 千 千 千 乖 乖 乖 乘 乘					
	ノ부수 (총10획)	乘	乘				
	乘客 (승객) 便乘 (편승)						

承	이을 승	ㄱ 了 了 子 手 承 承 承					
	手부수 (총8획)	承	承				
	承諾 (승낙) 繼承 (계승)						

勝	이길 승	ノ 刀 刀 月 月 月 肝 肝 腔 胖 勝 勝					
	力부수 (총12획)	勝	勝				
	勝敗 (승패) 名勝 (명승)						

市	저자 시	' 亠 广 市 市					
	巾부수 (총5획)	市	市				
	都市 (도시) 市場 (시장)						

示	보일 시	一 二 丁 示 示					
	示부수 (총5획)	示	示				
	提示 (제시) 指示 (지시)						

是	옳을 시	' ㄇ ㅂ 日 旦 早 早 昇 是					
	日부수 (총9획)	是	是				
	亦是 (역시) 是認 (시인)						

時	때 시	ㅣ ㄇ ㅌ 日 日 旷 旷 昨 時 時					
	日부수 (총10획)	時	時				
	時間 (시간) 時代 (시대)						

詩	시 詩	⼀ ⼆ ⼆ 三 訁 言 言 計 計 計 詩 詩 詩		
	言부수 (총13획)	詩 詩		
	詩經 (시경) 詩文 (시문)			

視	볼 視	⼀ ⼆ ⼅ 礻 礻 礻 柿 柿 神 神 神 視		
	見부수 (총12획)	視 視		
	監視 (감시) 視角 (시각)			

施	베풀 施	⼂ ⼂ 亍 ⽅ 扩 扩 施 施 施		
	方부수 (총9획)	施 施		
	實施 (실시) 施行 (시행)			

試	시험 試	⼀ ⼆ ⼆ 三 訁 言 言 計 計 計 試 試		
	言부수 (총13획)	試 試		
	試圖 (시도) 入試 (입시)			

始	비로소 始	⼂ ⼥ ⼥ 好 妒 妒 始 始		
	女부수 (총8획)	始 始		
	始作 (시작) 原始 (원시)			

識	알 識	⼀ ⼆ 三 言 計 計 許 許 諳 諳 識 識		
	言부수 (총19획)	識 識		
	認識 (인식) 知識 (지식)			

食	밥 食	⼃ ⼈ ⼈ 今 今 今 食 食 食		
	食부수 (총9획)	食 食		
	飮食 (음식) 食糧 (식량)			

式	법 式	⼀ ⼆ ⼆ 三 式 式		
	弋부수 (총6획)	式 式		
	方式 (방식) 形式 (형식)			

植	심을 植	⼀ ⼗ ⼗ 木 木 朾 朾 朾 柿 柿 植 植		
	木부수 (총12획)	植 植		
	植物 (식물) 移植 (이식)			

新	새 신 斤부수 (총13획) 革新 (혁신) 新鮮 (신선)	` ´ ㄦ ㅗ ㅗ 立 辛 辛 亲 新 新 新 新
		新　新

身	몸 신 身부수 (총7획) 出身 (출신) 身體 (신체)	` ㄒ 竹 白 白 身 身
		身　身

申	납 신 田부수 (총5획) 申請 (신청) 申告 (신고)	ㅣ 冂 日 日 申
		申　申

神	귀신 신 礻부수 (총10획) 精神 (정신) 神話 (신화)	` ㄧ ㅜ 衤 衤 衤 剂 神 神 神
		神　神

臣	신하 신 臣부수 (총6획) 使臣 (사신) 功臣 (공신)	ㄧ ㄒ ㄐ 五 五 臣
		臣　臣

信	믿을 신 亻부수 (총9획) 信賴 (신뢰) 信用 (신용)	` ㄧ ㄈ ㄈ ㆍ ㆍ 信 信 信
		信　信

辛	매울 신 辛부수 (총7획) 艱辛 (간신) 辛苦 (신고)	` ㅗ ㅗ 立 立 辛 辛
		辛　辛

實	열매 실 宀부수 (총14획) 事實 (사실) 實踐 (실천)	` 宀 宀 宀 宐 宙 审 審 實 實 實 實 實
		實　實

失	잃을 실 大부수 (총5획) 失敗 (실패) 損失 (손실)	` ㄧ ㆍ 牛 失
		失　失

室	집 실	`丶丶宀宀宍宰宰室室`	室	室				
	宀부수 (총9획)							
	敎室 (교실) 溫室 (온실)							

深	깊을 심	`丶丶氵氵沪沪沪泙泙深深`	深	深				
	氵부수 (총11획)							
	深刻 (심각) 深化 (심화)							

心	마음 심	`丶心心心`	心	心				
	心부수 (총4획)							
	核心 (핵심) 疑心 (의심)							

甚	심할 심	`一十廿廿甘甘甚甚甚甚`	甚	甚				
	甘부수 (총9획)							
	極甚 (극심) 甚深 (심심)							

十	열 십	`一十`	十	十				
	十부수 (총2획)							
	數十 (수십) 十萬 (십만)							

氏	성씨 씨	`一厂斥氏`	氏	氏				
	氏부수 (총4획)							
	攝氏 (섭씨) 氏族 (씨족)							

兒	아이 아	`一厂厈臼臼臼臼臼兒兒`	兒	兒				
	儿부수 (총8획)							
	迷兒 (미아) 嬰兒 (영아)							

我	나 아	`丿一千手我我我`	我	我				
	戈부수 (총7획)							
	自我 (자아) 我執 (아집)							

惡	악할 악/미워할 오	`一厂厂可可亞亞亞惡惡惡惡`	惡	惡				
	心부수 (총12획)							
	惡化 (악화) 劣惡 (열악)							

편안 안	' ' 宀 灾 安 安
宀부수 (총6획)	安 安
安保 (안보) 安定 (안정)	

책상 안	' ' 宀 灾 安 安 宨 寄 案 案
木부수 (총10획)	案 案
勘案 (감안) 提案 (제안)	

얼굴 안	亠 立 立 产 彦 彦 彦 夿 顔 顔 顔 顔
頁부수 (총18획)	顔 顔
顔色 (안색) 顔面 (안면)	

눈 안	l ｜ 目 目 目 目 盯 盰 眼 眼 眼
目부수 (총11획)	眼 眼
眼目 (안목) 眼中 (안중)	

어두울 암	l ｜ 目 目 目 暗 暗 暗 暗 暗 暗 暗
日부수 (총13획)	暗 暗
暗澹 (암담) 暗示 (암시)	

바위 암	巖
山부수 (총23획)	巖 巖
巖壁 (암벽) 奇巖 (기암)	

우러를 앙	ノ 亻 亻 仁 仰 仰
亻부수 (총6획)	仰 仰
信仰 (신앙) 推仰 (추앙)	

사랑 애	愛
心부수 (총13획)	愛 愛
愛國 (애국) 友愛 (우애)	

슬플 애	' 亠 亠 古 古 亨 京 京 哀
口부수 (총9획)	哀 哀
哀悼 (애도) 哀惜 (애석)	

也	어조사 야	ㄱ ㄱ 也
	乙부수 (총3획)	
	或也 (혹야) 及其也 (급기야)	也 也

夜	밤 야	' ㅗ ㅗ ㅗ ㅜ 夜 夜 夜
	夕부수 (총8획)	
	晝夜 (주야) 徹夜 (철야)	夜 夜

野	들 야	l ㅁ ㅁ 日 旦 甲 里 野 野 野 野
	里부수 (총11획)	
	與野 (여야) 視野 (시야)	野 野

弱	약할 약	ㄱ ㄱ ㄹ 弓 弓 弓' 弓' 弱 弱 弱
	弓부수 (총10획)	
	脆弱 (취약) 衰弱 (쇠약)	弱 弱

若	같을 약	ㅡ ㅛ ㅛ ㅛ 芋 芋 若 若 若
	艹부수 (총9획)	
	若干 (약간) 老若 (노약)	若 若

約	맺을 약	㇌ ㇌ ㇌ 糸 糸 糸 約 約 約
	糸부수 (총9획)	
	約束 (약속) 節約 (절약)	約 約

藥	약 약	艹 芇 芇 茖 茖 茖 茖 藥 藥 藥 藥
	艹부수 (총19획)	
	藥品 (약품) 藥效 (약효)	藥 藥

羊	양 양	` ` ㅛ ㅛ 兰 羊
	羊부수 (총6획)	
	山羊 (산양) 羊毛 (양모)	羊 羊

洋	큰바다 양	` ` ` ㇇ 氵 氵 洋 洋 洋
	氵부수 (총9획)	
	海洋 (해양) 東洋 (동양)	洋 洋

67

養	기를 **양**	` ⺊ ⺍ ⺍ ⺍ ⺍ ⺍ ⺍ ⺍ 蓍 蓍 羌 養 養 養
	食부수 (총15획) 涵養 (함양) 療養 (요양)	養 養

揚	날릴 **양**	⼀ ⼁ ⼁ ⼁ 扣 扣 扣 扣 扣 扣 揚 揚
	⺘부수 (총12획) 讚揚 (찬양) 止揚 (지양)	揚 揚

陽	볕 **양**	⼀ ⼁ ⻏ ⻏ ⻏ ⻏ ⻏ ⻏ ⻏ 陽 陽 陽
	⻏부수 (총12획) 陰陽 (음양) 陽地 (양지)	陽 陽

讓	사양할 **양**	⼀ 訁 訂 訂 譁 譁 譁 譁 讓 讓 讓
	言부수 (총24획) 讓步 (양보) 分讓 (분양)	讓 讓

魚	물고기 **어**	⼃ ⼃ ⼃ 乑 乑 角 角 角 魚 魚 魚
	魚부수 (총11획) 魚卵 (어란) 魚貝 (어패)	魚 魚

漁	고기잡을 **어**	⼀ ⼁ ⺡ ⺡ 沪 沪 漁 漁 漁 漁 漁 漁
	⺡부수 (총14획) 漁船 (어선) 漁夫 (어부)	漁 漁

於	어조사 **어**/탄식할 **오**	` ⺀ ⺁ 方 方 扩 於 於
	方부수 (총8획) 於焉 (어언) 於中間 (어중간)	於 於

語	말씀 **어**	⼀ ⼁ 言 言 言 訂 証 証 語 語 語
	言부수 (총14획) 言語 (언어) 語彙 (어휘)	語 語

億	억 **억**	⼃ ⼁ 作 作 作 作 倍 倍 億 億 億 億
	亻부수 (총15획) 億臺 (억대) 億劫 (억겁)	億 億

憶	**생각할 억**	⺯ 忄 忄 忄 忄 忄 憶 憶 憶 憶 憶						
	忄부수 (총16획)	憶	憶					
	追憶 (추억) 憶測 (억측)							

言	**말씀 언**	一 一 三 三 言 言 言						
	言부수 (총7획)	言	言					
	宣言 (선언) 言及 (언급)							

嚴	**엄할 엄**	严 严 严 严 严 严 严 嚴 嚴 嚴 嚴 嚴						
	口부수 (총20획)	嚴	嚴					
	嚴格 (엄격) 嚴重 (엄중)							

業	**일 업**	丨 丷 业 业 业 业 业 業 業 業 業 業						
	木부수 (총13획)	業	業					
	罷業 (파업) 就業 (취업)							

余	**나 여**	丿 人 ㅅ 乊 仐 余 余						
	人부수 (총7획)	余	余					
	余輩 (여배) 余月 (여월)							

餘	**남을 여**	人 ㅅ ㅅ 刍 仴 自 自 飠 飮 飮 餘 餘						
	食부수 (총16획)	餘	餘					
	餘裕 (여유) 餘波 (여파)							

如	**같을 여**	乚 乜 女 如 如 如						
	女부수 (총6획)	如	如					
	缺如 (결여) 如干 (여간)							

汝	**너 여**	丶 丶 氵 氵 汝 汝						
	氵부수 (총6획)	汝	汝					
	汝等 (여등) 汝南蓋 (여남개)							

與	**줄 여**	丆 ㄏ ㅌ ㅌ ㅌ 臼 臼 臼 臼 與 與 與						
	臼부수 (총14획)	與	與					
	參與 (참여) 寄與 (기여)							

亦	또 역	⼇ 亠 ナ 亣 亣 亦				
	亠부수 (총6획)	亦	亦			
	亦是 (역시) 亦然 (역연)					

易	바꿀 역	⼁ 冂 日 日 尸 号 易 易				
	日부수 (총8획)	易	易			
	交易 (교역) 容易 (용이)					

逆	거스를 역	⼂ ⼂ ⼃ 屮 屰 屰 逆 逆 逆 逆				
	辶부수 (총10획)	逆	逆			
	逆轉 (역전) 逆風 (역풍)					

然	그럴 연	⼃ ⼄ 夕 夕 夕 狄 狀 然 然 然 然 然				
	灬부수 (총12획)	然	然			
	當然 (당연) 偶然 (우연)					

煙	연기 연	⼂ ⼃ 火 火 火 炉 炉 炉 煙 煙 煙 煙 煙				
	火부수 (총13획)	煙	煙			
	禁煙 (금연) 煙氣 (연기)					

硏	갈 연	⼀ 丆 丆 石 石 石 矿 矼 砰 硏 硏				
	石부수 (총11획)	硏	硏			
	硏究 (연구) 硏磨 (연마)					

熱	더울 열	⼀ ⼗ 圡 才 查 幸 坴 刲 執 執 熱 熱				
	灬부수 (총15획)	熱	熱			
	熱風 (열풍) 過熱 (과열)					

悅	기쁠 열	⼂ ⼃ 忄 忄 忄 忚 忚 怳 怳 悅				
	忄부수 (총10획)	悅	悅			
	喜悅 (희열) 悅樂 (열락)					

炎	불꽃 염	⼂ ⼃ ⼂ ⺋ 火 尖 炎 炎				
	火부수 (총8획)	炎	炎			
	肝炎 (간염) 肺炎 (폐렴)					

葉	잎 엽	一 十 卄 艹 芒 垆 荜 荜 荜 葉 葉 葉 葉
	艹부수 (총13획)	葉 葉
	落葉 (낙엽) 末葉 (말엽)	

永	길 영	` 氵 才 永 永
	水부수 (총5획)	永 永
	永遠 (영원) 永久 (영구)	

英	꽃부리 영	一 十 卄 艹 艹 芇 芇 英 英
	艹부수 (총9획)	英 英
	英雄 (영웅) 英才 (영재)	

迎	맞을 영	´ ∫ ⼙ ⼙ ⼩ ⼩ 迎 迎
	辶부수 (총8획)	迎 迎
	歡迎 (환영) 迎合 (영합)	

榮	영화 영	´ ` ⺌ ⺍ ⺍⺍ ⺍⺍ 炒 炒 炒 螢 榮 榮
	木부수 (총14획)	榮 榮
	繁榮 (번영) 榮光 (영광)	

藝	재주 예	艹 艹 艹 荖 荖 菿 菿 藝 藝 藝 藝
	艹부수 (총19획)	藝 藝
	藝術 (예술) 演藝 (연예)	

五	다섯 오	一 丆 五 五
	二부수 (총4획)	五 五
	五倫 (오륜) 五月 (오월)	

吾	나 오	一 丆 五 五 吾 吾 吾
	口부수 (총7획)	吾 吾
	吾等 (오등) 吾儕 (오제)	

悟	깨달을 오	´ ` ⼁ ⺖ ⼁ ⼁ 悟 悟 悟 悟
	忄부수 (총10획)	悟 悟
	覺悟 (각오) 改悟 (개오)	

午	낮 오	ノ ヒ ヒ 午					
	十부수 (총4획)	午 午					
	午後 (오후) 端午 (단오)						

誤	그르칠 오	言 言 言 言 言 訂 訓 誤 誤 誤 誤					
	言부수 (총14획)	誤 誤					
	誤謬 (오류) 誤解 (오해)						

烏	까마귀 오	′ ′ ′ ′ ′ 烏 烏 烏 烏 烏					
	灬부수 (총10획)	烏 烏					
	三足烏 (삼족오) 烏鵲橋 (오작교)						

玉	구슬 옥	一 二 干 王 玉					
	玉부수 (총5획)	玉 玉					
	玉石 (옥석) 玉篇 (옥편)						

屋	집 옥	⊐ ⊐ 尸 尸 尸 屋 屋 屋 屋					
	尸부수 (총9획)	屋 屋					
	家屋 (가옥) 屋上 (옥상)						

溫	따뜻할 온	′ ′ ′ ′ ′ 氵 沪 沪 沪 溫 溫 溫 溫					
	氵부수 (총13획)	溫 溫					
	溫度 (온도) 溫室 (온실)						

瓦	기와 와	一 丆 瓦 瓦 瓦					
	瓦부수 (총5획)	瓦 瓦					
	瓦器 (와기) 煉瓦 (연와)						

臥	누울 와	一 一 T 戸 臣 臥 臥 臥					
	臣부수 (총8획)	臥 臥					
	臥床 (와상) 臥席 (와석)						

完	완전할 완	′ ′ ′ ′ 宀 宀 完 完					
	宀부수 (총7획)	完 完					
	補完 (보완) 未完 (미완)						

曰	**가로 왈**	｜ 冂 曰 曰					
	日부수 (총4획)	曰	曰				
	或曰 (혹왈) 予曰 (여왈)						

王	**임금 왕**	一 二 干 王					
	王부수 (총4획)	王	王				
	王朝 (왕조) 王道 (왕도)						

往	**갈 왕**	´ ㇗ 彳 彳 彳 往 往 往					
	彳부수 (총8획)	往	往				
	往來 (왕래) 往復 (왕복)						

外	**바깥 외**	ノ ㇇ ㇆ 夕 列 外					
	夕부수 (총5획)	外	外				
	外交 (외교) 外國 (외국)						

要	**요긴할 요**	一 厂 厂 币 币 西 严 要 要					
	襾부수 (총9획)	要	要				
	必要 (필요) 要求 (요구)						

欲	**하고자할 욕**	ノ ハ ク グ 欠 谷 谷 谷 谷 欲 欲					
	欠부수 (총11획)	欲	欲				
	意欲 (의욕) 欲求 (욕구)						

浴	**목욕할 욕**	﹅ ﹅ ㇈ ﹅ ﹅ ㇈ 浴 浴 浴 浴					
	氵부수 (총10획)	浴	浴				
	浴室 (욕실) 浴槽 (욕조)						

用	**쓸 용**	ノ 冂 月 月 用					
	用부수 (총5획)	用	用				
	雇用 (고용) 利用 (이용)						

勇	**날랠 용**	㇇ ㇆ ㇈ 甬 甬 甬 甬 勇 勇					
	力부수 (총9획)	勇	勇				
	勇氣 (용기) 勇猛 (용맹)						

1. 다음 문장에서 등장하는 한자의 독음(읽는 소리)을 ( ) 안에 쓰시오.

1) 가을은 독書의 계절이다. (   )

2) 쥐는 번식력이 왕盛한 동물이다. (   )

3) 차를 마시며 편안하게 담笑를 나누었다. (   )

4) 그녀는 愁심이 가득한 얼굴로 바라보았다. (   )

5) 밤낮으로 삼엄한 감視가 시작되었다. (   )

6) 失패는 성공의 어머니이다. (   )

7) 자기 暗시를 통해 자신감을 회복했다. (   )

8) 국어를 잘 하려면 語휘가 풍부해야 한다. (   )

9) 시합에서 이긴 그는 인생 최고의 희悅을 맛보았다. (   )

10) 가장 유명한 관광지는 부처의 臥상이 있는 곳이다. (   )

2. 밑줄 친 말에 해당하는 한자를 <보기>에서 찾아 번호를 쓰시오.

보기 ▶ ①安 ②嚴 ③植 ④要 ⑤順 ⑥善 ⑦悟 ⑧洗 ⑨送 ⑩弱

1) 새로 만든 도구가 아주 요긴하게 쓰인다. (   )

2) 아주 순하고 예쁜 강아지구나. (   )

3) 오늘 편지를 보내면 내일 도착한다. (   )

4) 몸이 점점 약해지더니 큰 병에 걸렸다. (   )

5) 오랜 명상을 통해 깊은 깨달음을 얻었다. (   )

6) 손을 깨끗이 씻은 후에 밥을 먹어라. (   )

7) 마음씨가 누구보다 착하고 아름답다. (   )

8) 부모님은 나의 잘못에 엄하게 꾸중하신다. (   )

9) 깊고 편안하게 호흡을 이어나간다. (   )

10) 올해부터는 새로운 작물을 밭에 심기로 했다. (   )

3. 한자의 훈(뜻)과 음(소리)을 쓰시오.

1) 暑 →   6) 淑 →

2) 線 →   7) 乘 →

3) 稅 →   8) 識 →

4) 續 →   9) 實 →

5) 雖 →   10) 藝 →

4. 다음 내용에 알맞은 사자성어를 <보기>에서 찾아 번호를 쓰시오.

보기 ▶ ① 送舊迎新(송구영신)   ② 漁父之利(어부지리)
③ 溫故知新(온고지신)   ④ 安貧樂道(안빈낙도)   ⑤ 易地思之(역지사지)
⑥ 五里霧中(오리무중)   ⑦ 言中有骨(언중유골)   ⑧ 烏飛梨落(오비이락)
⑨ 臥薪嘗膽(와신상담)   ⑩ 雪上加霜(설상가상)

1) 말 속에 뼈가 있다는 뜻으로, 평범한 말 속에 비범함이 담겨 있다는 말이다. (   )

2) 가난을 편히 여겨 도를 즐긴다는 뜻이다. (   )

3) 사방 오리가 안개 속이라는 뜻으로, 사물의 행방이나 추이를 알 수 없다는 말이다. (   )

4) 까마귀 날자 배 떨어진다는 뜻이다. (   )

5) 눈 위에 서리가 내린다는 뜻으로, 어려운 일이나 상황이 거듭됨을 말한다. (   )

6) 둘이 다투고 있는 사이에 엉뚱한 사람이 이익을 얻는다는 뜻이다. (   )

7) 옛 것을 익히고 새 것을 안다는 뜻이다. (   )

8) 옛 것을 보내고 새 것을 맞이한다는 뜻이다. (   )

9) 처지를 바꾸어 생각하라는 뜻이다. (   )

10) 어떤 목적을 이루거나 원수를 갚기 위해 괴로움을 참고 견딘다는 뜻이다. (   )

✅ 함께 익히면 좋은 사자성어

雪上加霜

설상가상 눈 **설** 위 **상** 더할 **가** 서리 **상**

눈 위에 서리가 더해진다는 뜻으로,
어려운 일이나 상황이 거듭해서 발생함을 말한다.

설	상	가	상		설	상	가	상

送舊迎新

송구영신 보낼 **송** 옛 **구** 맞을 **영** 새 **신**

옛 것을 보내고 새 것을 맞이한다는 뜻으로,
묵은 해를 보내고 새 해를 맞을 때를 말한다.

송	구	영	신		송	구	영	신

安貧樂道

안빈낙도 편안할 **안** 가난할 **빈** 즐길 **낙** 길 **도**

가난을 편히 여겨 도를 즐긴다는 뜻으로, 가난한 생활을
불편하게 여기지 않고 즐기는 마음으로 살아간다는 말이다.

안	빈	낙	도		안	빈	낙	도

言中有骨

언중유골 말씀 **언** 가운데 **중** 있을 **유** 뼈 **골**

말 속에 뼈가 있다는 뜻으로, 평범한 말 속에
비범한 뜻이 담겨 있다는 말이다.

언	중	유	골		언	중	유	골

易地思之

처지를 바꾸어 생각하라는 뜻으로, 자신의 생각이나
판단에 앞서 상대의 입장을 염두에 두라는 말이다.

역	지	사	지

역	지	사	지

烏飛梨落

오비이락 까마귀오 날비 배이 떨어질락

까마귀가 날자 배가 떨어진다는 뜻으로, 우연히 동시에 일어난
일로 억울하게 의심을 받거나 난처한 경우를 일컫는 말이다.

오	비	이	락

오	비	이	락

溫故知新

온고지신 따뜻할온 옛고 알지 새신

옛 것을 익히고 새 것을 안다는 뜻으로, 옛 지식을 통해
현재에도 활용할 수 있는 새 지혜를 얻는다는 말이다.

온	고	지	신

온	고	지	신

臥薪嘗膽

와신상담 누울와 떨나무신 맛볼상 쓸개담

섶에 누워 잠을 자고 쓸개를 맛본다는 뜻으로, 어떤 목적을
이루거나 원수를 갚기 위해 괴로움을 참고 견딘다는 말이다.

와	신	상	담

와	신	상	담

容	얼굴 용	ㆍㅜㄱㄱㄱㄱㄱㄱ 容容					
	宀부수 (총10획)	容	容				
	受容 (수용) 許容 (허용)						

于	어조사 우	一 二 于					
	二부수 (총3획)	于	于				
	于先 (우선) 于今 (우금)						

宇	집 우	ㆍㅜㄱㄱㄱ宇					
	宀부수 (총6획)	宇	宇				
	宇宙 (우주) 宇內 (우내)						

右	오른쪽 우	ノ ナ オ 右 右					
	口부수 (총5획)	右	右				
	右翼 (우익) 右側 (우측)						

牛	소 우	ノ ㅗ ㅗ 牛					
	牛부수 (총4획)	牛	牛				
	牛乳 (우유) 牛角 (우각)						

友	벗 우	一 ナ 方 友					
	又부수 (총4획)	友	友				
	友愛 (우애) 朋友 (붕우)						

雨	비 우	一 丆 冂 帀 币 雨 雨 雨					
	雨부수 (총8획)	雨	雨				
	降雨 (강우) 暴風雨 (폭풍우)						

憂	근심 우	一 丆 百 百 亘 亘 悥 悥 悥 悥 憂 憂					
	心부수 (총15획)	憂	憂				
	憂慮 (우려) 憂鬱 (우울)						

又	또 우	フ 又					
	又부수 (총2획)	又	又				
	又況 (우황) 又曰 (우왈)						

尤	더욱 우	一 ナ 尢 尤					
	尢부수 (총4획)						
	尤隙 (우극) 悔尤 (회우)	尤 尤					

遇	만날 우	丨 冂 冂 日 尸 用 禺 禺 禺 `禺 冯 涓 遇					
	辶부수 (총13획)						
	待遇 (대우) 禮遇 (예우)	遇 遇					

云	이를 운	一 二 宁 云					
	二부수 (총4획)						
	云云 (운운) 或云 (혹운)	云 云					

雲	구름 운	一 厂 尸 币 币 雨 雨 雪 雲 雲 雲 雲					
	雨부수 (총12획)						
	靑雲 (청운) 雲橋 (운교)	雲 雲					

運	옮길 운	' 冖 冖 尸 月 月 盲 宣 軍 軍 渾 渾 運					
	辶부수 (총13획)						
	運命 (운명) 運用 (운용)	運 運					

雄	수컷 웅	一 ナ 太 太 太 太 太 雄 雄 雄 雄 雄					
	佳부수 (총12획)						
	雄辯 (웅변) 英雄 (영웅)	雄 雄					

元	으뜸 원	一 二 テ 元					
	儿부수 (총4획)						
	次元 (차원) 復元 (복원)	元 元					

原	언덕 원	一 厂 厂 厂 斤 斤 盾 盾 原 原					
	厂부수 (총10획)						
	原因 (원인) 原則 (원칙)	原 原					

願	원할 원	厂 厂 斤 盾 盾 原 原 願 願 願 願 願					
	頁부수 (총19획)						
	祈願 (기원) 所願 (소원)	願 願					

遠	멀 원	一 十 土 吉 吉 吉 吉 吉 東 袁 袁 遠 遠 遠						
	辶부수 (총14획)							
	遠近 (원근) 遙遠 (요원)	遠	遠					

園	동산 원	丨 冂 冂 冃 冊 冊 園 園 園 園 園 園 園						
	口부수 (총13획)							
	公園 (공원) 樂園 (낙원)	園	園					

怨	원망할 원	丿 夕 夕 夗 夗 夗 怨 怨 怨						
	心부수 (총9획)							
	怨恨 (원한) 怨讐 (원수)	怨	怨					

圓	둥글 원	丨 冂 冂 冃 冊 冊 圓 圓 圓 圓 圓 圓 圓						
	口부수 (총13획)							
	圓滑 (원활) 圓滿 (원만)	圓	圓					

月	달 월	丿 刀 月 月						
	月부수 (총4획)							
	歲月 (세월) 月光 (월광)	月	月					

位	자리 위	丿 亻 亻 亻 位 位 位						
	亻부수 (총7획)							
	位置 (위치) 地位 (지위)	位	位					

危	위태할 위	丿 勹 勹 卢 卢 危						
	卩부수 (총6획)							
	危機 (위기) 危殆 (위태)	危	危					

爲	할 위	丶 丿 丆 爫 爫 严 严 爲 爲 爲 爲 爲						
	爪부수 (총12획)							
	行爲 (행위) 人爲 (인위)	爲	爲					

偉	클 위	丿 亻 亻 亻 伫 佇 倅 倅 偉 偉 偉						
	亻부수 (총11획)							
	偉大 (위대) 偉力 (위력)	偉	偉					

威	위엄 위	ノ 厂 厂 厃 厃 厇 威 威 威					
	女부수 (총9획)	威 威					
	威脅 (위협) 權威 (권위)						

由	말미암을 유	丨 冂 冃 由 由					
	田부수 (총5획)	由 由					
	事由 (사유) 自由 (자유)						

油	기름 유	丶 丶 氵 氵 汋 沪 泃 油 油					
	氵부수 (총8획)	油 油					
	石油 (석유) 油價 (유가)						

酉	닭 유	一 丆 丆 丙 西 西 酉					
	酉부수 (총7획)	酉 酉					
	乙酉 (을유) 酉時 (유시)						

有	있을 유	ノ ナ オ 冇 有 有					
	月부수 (총6획)	有 有					
	有利 (유리) 保有 (보유)						

猶	오히려 유	ノ ノ 犭 犭 犭 犷 犷 猶 猶 猶 猶 猶					
	犭부수 (총12획)	猶 猶					
	猶女 (유녀) 猶太敎 (유태교)						

唯	오직 유	丨 冂 口 口 咁 唯 唯 唯 唯 唯 唯					
	口부수 (총11획)	唯 唯					
	唯一 (유일) 唯獨 (유독)						

遊	놀 유	丶 亠 方 方 扩 扩 斿 斿 斿 游 游 遊					
	辶부수 (총13획)	遊 遊					
	遊說 (유세) 遊戲 (유희)						

柔	부드러울 유	丩 マ 买 予 矛 柔 柔 柔 柔					
	木부수 (총9획)	柔 柔					
	柔軟 (유연) 懷柔 (회유)						

遺	남길 유	一口曰虫串串串書書貴貴遺遺遺遺					
	辶부수 (총16획)	遺	遺				
	遺憾 (유감) 遺跡 (유적)						

幼	어릴 유	く幺幺幻幼					
	幺부수 (총5획)	幼	幼				
	幼稚 (유치) 幼兒 (유아)						

肉	고기 육	丨冂内内肉肉					
	肉부수 (총6획)	肉	肉				
	筋肉 (근육) 肉體 (육체)						

育	기를 육	亠云云育育育育					
	月부수 (총8획)	育	育				
	敎育 (교육) 育成 (육성)						

恩	은혜 은	丨冂冂囝因因因恩恩恩					
	心부수 (총10획)	恩	恩				
	恩惠 (은혜) 背恩 (배은)						

銀	은 은	牟牟牟金金釒釟釟鈤鉦銀					
	金부수 (총14획)	銀	銀				
	銀行 (은행) 水銀 (수은)						

乙	새 을	乙					
	乙부수 (총1획)	乙	乙				
	乙巳 (을사) 乙酉 (을유)						

音	소리 음	亠亠立产产音音音					
	音부수 (총9획)	音	音				
	音樂 (음악) 雜音 (잡음)						

吟	읊을 음	丨口口叭吟吟					
	口부수 (총7획)	吟	吟				
	呻吟 (신음) 吟味 (음미)						

飲	마실 음	ノ 入 ケ 今 今 今 刍 刍 刍 刍 飣 飮 飲					
	食부수 (총13획)	飲	飲				
	飲食 (음식) 飲酒 (음주)						

陰	그늘 음	' ㇇ 阝 阝 阝 阷 阷 陰 陰 陰					
	阝부수 (총11획)	陰	陰				
	陰謀 (음모) 陰陽 (음양)						

邑	고을 읍	' ㇇ ㅁ 무 무 号 邑					
	邑부수 (총7획)	邑	邑				
	都邑 (도읍) 邑內 (읍내)						

泣	울 읍	' ` 氵 氵 氵 汁 汁 泣					
	氵부수 (총8획)	泣	泣				
	泣訴 (읍소) 感泣 (감읍)						

應	응할 응	广 广 广 庐 庐 府 雁 雁 應 應					
	心부수 (총17획)	應	應				
	對應 (대응) 適應 (적응)						

衣	옷 의	' 亠 ナ オ 衣 衣					
	衣부수 (총6획)	衣	衣				
	衣食 (의식) 脫衣 (탈의)						

依	의지할 의	ノ イ イ 仁 仁 依 依 依					
	亻부수 (총8획)	依	依				
	依賴 (의뢰) 依支 (의지)						

義	옳을 의	' ` ㅛ 꼭 꼭 兰 羊 羊 羊 義 義 義					
	羊부수 (총13획)	義	義				
	義務 (의무) 講義 (강의)						

議	의논할 의	` ㅡ 言 言 言 言 評 許 許 議 議					
	言부수 (총20획)	議	議				
	議員 (의원) 協議 (협의)						

矣	어조사 의	` ` ` ` ` ` 矣 矣 矣 矣 矣 矣					
	矢부수 (총7획)	矣 矣					
	六矣廛 (육의전) 汝矣島 (여의도)						

醫	의원 의	医 医 医 医 医 医 医 医 醫 醫 醫 醫					
	酉부수 (총18획)	醫 醫					
	醫療 (의료) 醫學 (의학)						

意	뜻 의	` ` ` 产 产 音 音 音 音 意 意 意					
	心부수 (총13획)	意 意					
	弔意 (조의) 意味 (의미)						

二	두 이	一 二					
	二부수 (총2획)	二 二					
	二重 (이중) 二毛 (이모)						

以	써 이	` ` ` 以 以					
	人부수 (총5획)	以 以					
	以上 (이상) 以前 (이전)						

已	이미 이	一 コ 已					
	已부수 (총3획)	已 已					
	已往 (이왕) 不得已 (부득이)						

耳	귀 이	一 丁 F F E 耳					
	耳부수 (총6획)	耳 耳					
	耳目 (이목) 中耳炎 (중이염)						

而	말이을 이	一 r r 而 而 而					
	而부수 (총6획)	而 而					
	然而 (연이) 而今 (이금)						

異	다를 이	` 口 日 旦 田 旦 昱 昱 異 異 異					
	田부수 (총11획)	異 異					
	差異 (차이) 異見 (이견)						

移	옮길 이	′ ′ 千 禾 禾 利 移 移 移 移 移						
	禾부수 (총11획)	移 移						
	移動 (이동) 推移 (추이)							

益	더할 익	′ ′ ′ ′ ′ ′ 午 谷 谷 谷 益						
	皿부수 (총10획)	益 益						
	國益 (국익) 利益 (이익)							

人	사람 인	ノ 人						
	人부수 (총2획)	人 人						
	人物 (인물) 人權 (인권)							

引	끌 인	⁊ ⁊ 弓 引						
	弓부수 (총4획)	引 引						
	引上 (인상) 引受 (인수)							

仁	어질 인	′ ′ 仁 仁						
	亻부수 (총4획)	仁 仁						
	仁兄 (인형) 仁者 (인자)							

因	인할 인	⎮ 冂 月 用 円 因						
	口부수 (총6획)	因 因						
	原因 (원인) 要因 (요인)							

忍	참을 인	⁊ 刀 刃 刃 忍 忍 忍						
	心부수 (총7획)	忍 忍						
	殘忍 (잔인) 忍耐 (인내)							

認	알 인	′ ′ ′ ′ ′ 言 言 言 訶 認 認 認 認 認						
	言부수 (총14획)	認 認						
	確認 (확인) 認定 (인정)							

寅	범/동방 인	′ ′ 宀 宀 宀 宀 宁 宙 宙 寅 寅						
	宀부수 (총11획)	寅 寅						
	庚寅 (경인) 寅惕 (인척)							

85

印	도장 인	´ � ⎡ ⎢ ⎢ 印 印						
	卩부수 (총6획)	印	印					
	印刷 (인쇄) 烙印 (낙인)							

一	한 일	一						
	一부수 (총1획)	一	一					
	一部 (일부) 一定 (일정)							

日	날 일	⎮ ⎧ 日 日						
	日부수 (총4획)	日	日					
	日程 (일정) 日記 (일기)							

壬	북방 임	´ ⎓ 千 壬						
	士부수 (총4획)	壬	壬					
	壬亂 (임란) 壬辰 (임진)							

入	들 입	⁄ 入						
	入부수 (총2획)	入	入					
	導入 (도입) 介入 (개입)							

子	아들 자	⁊ 了 子						
	子부수 (총3획)	子	子					
	孫子 (손자) 遺傳子 (유전자)							

字	글자 자	´ ⎛ 宀 宇 字 字						
	子부수 (총6획)	字	字					
	赤字 (적자) 數字 (숫자)							

自	스스로 자	´ ⎧ 冂 自 自 自						
	自부수 (총6획)	自	自					
	自由 (자유) 自然 (자연)							

者	놈 자	一 十 土 耂 耂 者 者 者 者						
	耂부수 (총9획)	者	者					
	患者 (환자) 勤勞者 (근로자)							

姉	손윗누이 자	⟨ ⟨ ⟨ ⟨ ⟨ ⟨ 姉 姉					
	女부수 (총8획)	姉 姉					
	姉兄 (자형) 姉夫 (자부)						

慈	사랑 자	⟨ ⟨ ⟨ ⟨ ⟨ ⟨ ⟨ 慈 慈 慈 慈 慈					
	心부수 (총13획)	慈 慈					
	仁慈 (인자) 慈悲 (자비)						

作	지을 작	⟨ ⟨ ⟨ ⟨ 作 作 作					
	亻부수 (총7획)	作 作					
	始作 (시작) 製作 (제작)						

昨	어제 작	⟨ ⟨ ⟨ ⟨ ⟨ ⟨ 昨 昨 昨					
	日부수 (총9획)	昨 昨					
	昨年 (작년) 昨日 (작일)						

長	길 장	⟨ ⟨ ⟨ ⟨ ⟨ 長 長 長					
	長부수 (총8획)	長 長					
	長官 (장관) 會長 (회장)						

章	글월 장	⟨ ⟨ ⟨ ⟨ ⟨ 音 音 音 章 章					
	立부수 (총11획)	章 章					
	文章 (문장) 圖章 (도장)						

場	마당 장	⟨ ⟨ ⟨ ⟨ ⟨ ⟨ ⟨ ⟨ 場 場 場					
	土부수 (총12획)	場 場					
	市場 (시장) 登場 (등장)						

將	장수 장	⟨ ⟨ ⟨ ⟨ ⟨ ⟨ ⟨ ⟨ 將 將					
	寸부수 (총11획)	將 將					
	將來 (장래) 將軍 (장군)						

壯	장할 장	⟨ ⟨ ⟨ ⟨ ⟨ 壯 壯					
	土부수 (총7획)	壯 壯					
	雄壯 (웅장) 壯觀 (장관)						

才	재주 재	一 十 才						
	扌부수 (총3획)	才 才						
	英才 (영재) 才質 (재질)							

材	재목 재	一 十 才 木 材 村 材						
	木부수 (총7획)	材 材						
	材料 (재료) 素材 (소재)							

財	재물 재	丨 冂 冃 冃 目 貝 貝 貯 財 財						
	貝부수 (총10획)	財 財						
	財閥 (재벌) 財政 (재정)							

在	있을 재	一 ナ 才 右 在 在						
	土부수 (총6획)	在 在						
	存在 (존재) 潛在 (잠재)							

栽	심을 재	一 十 土 吉 圭 丰 未 栽 栽 栽						
	木부수 (총10획)	栽 栽						
	栽培 (재배) 植栽 (식재)							

再	두 재	一 丌 冂 冃 再 再						
	冂부수 (총6획)	再 再						
	再開 (재개) 再建 (재건)							

哉	어조사 재	一 十 土 吉 吉 吉 哉 哉 哉						
	口부수 (총9획)	哉 哉						
	快哉 (쾌재) 乎哉 (호재)							

爭	다툴 쟁	一 ⺈ ⺈ ⺈ 牟 爭 爭 爭						
	爪부수 (총8획)	爭 爭						
	戰爭 (전쟁) 競爭 (경쟁)							

著	나타날 저	一 十 土 耂 耂 耂 著 荖 荖 荖 著 著 著						
	艹부수 (총13획)	著 著						
	顯著 (현저) 著述 (저술)							

貯	쌓을 저	ㅣ ㅣ ㅌ ㅌ ㅌ ㅌ ㅌ ㅌ ㅌ貝 ㅌ貝 貯 貯 貯
	貝부수 (총12획)	貯 貯
	貯蓄 (저축) 貯金 (저금)	

低	낮을 저	ノ イ イ イ仁 仁 低 低
	イ부수 (총7획)	低 低
	低廉 (저렴) 最低 (최저)	

的	과녁 적	ノ イ イ 白 白 白 的 的 的
	白부수 (총8획)	的 的
	肯定的 (긍정적) 具體的 (구체적)	

赤	붉을 적	一 十 土 尹 赤 赤 赤
	赤부수 (총7획)	赤 赤
	赤道 (적도) 赤化 (적화)	

適	맞을 적	` 亠 产 产 产 育 商 商 商 商 商 滴 滴 適
	辶부수 (총15획)	適 適
	適切 (적절) 適應 (적응)	

敵	대적할 적	` 亠 产 产 产 育 商 商 商 商 商 敵 敵 敵
	攵부수 (총15획)	敵 敵
	敵對 (적대) 無敵 (무적)	

田	밭 전	ㅣ 冂 冃 田 田
	田부수 (총5획)	田 田
	油田 (유전) 田園 (전원)	

全	온전 전	ノ 入 入 仝 全 全
	入부수 (총6획)	全 全
	全般 (전반) 穩全 (온전)	

典	법 전	ㅣ 冂 曰 曲 曲 典 典
	八부수 (총8획)	典 典
	事典 (사전) 經典 (경전)	

前	앞 전	、 ソ 广 扩 扩 前 前 前 前
	刂부수 (총9획)	前 前
	前提 (전제) 午前 (오전)	

展	펼 전	ㄱ ㄹ ㄹ ㄹ ㄹ ㄹ ㄹ ㄹ ㄹ ㄹ 展
	尸부수 (총10획)	展 展
	展望 (전망) 進展 (진전)	

戰	싸움 전	` `` ``` ``` 甲 単 単 単 戰 戰 戰
	戈부수 (총16획)	戰 戰
	戰略 (전략) 挑戰 (도전)	

電	번개 전	一 厂 厂 币 币 币 币 雨 雨 雪 雪 雪 電
	雨부수 (총13획)	電 電
	電氣 (전기) 電話 (전화)	

錢	돈 전	^ 스 수 수 金 金 鈝 錢 錢 錢 錢 錢 錢
	金부수 (총16획)	錢 錢
	金錢 (금전) 銅錢 (동전)	

傳	전할 전	ノ イ イ 伫 伃 伃 伸 俥 俥 俥 傳 傳
	亻부수 (총13획)	傳 傳
	傳達 (전달) 傳播 (전파)	

節	마디 절	ノ ト ト 竻 竻 竻 節 節 節 節 節 節
	竹부수 (총15획)	節 節
	節約 (절약) 調節 (조절)	

絶	끊을 절	` 幺 幺 幺 糸 糸 糸 絎 絶 絶 絶 絶
	糸부수 (총12획)	絶 絶
	根絶 (근절) 絶望 (절망)	

店	가게 점	` 亠 广 广 广 店 店 店
	广부수 (총8획)	店 店
	店鋪 (점포) 商店 (상점)	

接	**이을** 접	一 扌 扌 扌 扩 扩 护 护 按 按 接
	扌부수 (총11획)	接 接
	直接 (직접) 接近 (접근)	

丁	**장정/고무래** 정	一 丁
	一부수 (총2획)	丁 丁
	兵丁 (병정) 丁寧 (정녕)	

頂	**정수리** 정	一 丁 丁 丁 丁 顶 顶 頂 頂 頂 頂
	頁부수 (총11획)	頂 頂
	頂上 (정상) 絶頂 (절정)	

停	**머무를** 정	亻 亻 亻 广 伫 停 停 停 停 停 停
	亻부수 (총11획)	停 停
	停年 (정년) 停滯 (정체)	

井	**우물** 정	一 二 亍 井
	二부수 (총4획)	井 井
	市井 (시정) 井然 (정연)	

正	**바를** 정	一 丁 下 正 正
	止부수 (총5획)	正 正
	正確 (정확) 嚴正 (엄정)	

政	**정사** 정	一 丁 下 正 正 政 政 政 政
	攵부수 (총9획)	政 政
	政策 (정책) 政治 (정치)	

定	**정할** 정	丶 丷 宀 宀 宁 宇 定 定
	宀부수 (총8획)	定 定
	認定 (인정) 規定 (규정)	

貞	**곧을** 정	丶 卜 广 占 貞 貞 貞 貞 貞
	貝부수 (총9획)	貞 貞
	貞淑 (정숙) 貞直 (정직)	

精	정할 정	` ` ` ` ` ` ` ` ` ` ` ` 精 精 精				
	米부수 (총14획)					
	精誠 (정성) 精密 (정밀)	精 精				

情	뜻 정	` ` ` ` ` ` ` 情 情 情 情				
	忄부수 (총11획)					
	情緒 (정서) 感情 (감정)	情 情				

靜	고요할 정	` ` ` ` ` ` ` ` ` ` ` ` ` 靜 靜 靜				
	靑부수 (총16획)					
	鎭靜 (진정) 冷靜 (냉정)	靜 靜				

淨	깨끗할 정	` ` ` ` ` ` ` ` ` ` 淨				
	氵부수 (총11획)					
	自淨 (자정) 淨化 (정화)	淨 淨				

庭	뜰 정	` ` ` ` ` ` 庭 庭 庭 庭				
	广부수 (총10획)					
	家庭 (가정) 庭園 (정원)	庭 庭				

弟	아우 제	` ` ` ` ` 弟 弟				
	弓부수 (총7획)					
	兄弟 (형제) 弟子 (제자)	弟 弟				

第	차례 제	` ` ` ` ` ` ` ` ` 第 第				
	竹부수 (총11획)					
	落第 (낙제) 第一 (제일)	第 第				

祭	제사 제	` ` ` ` ` ` ` ` ` 祭 祭				
	示부수 (총11획)					
	祝祭 (축제) 祭器 (제기)	祭 祭				

帝	임금 제	` ` ` ` ` ` ` ` 帝				
	巾부수 (총9획)					
	皇帝 (황제) 帝國 (제국)	帝 帝				

題	**제목 제**	冂 日 旦 무 是 匙 匙 题 题 题 题 題
	頁부수 (총18획)	題 題
	課題 (과제) 宿題 (숙제)	

除	**덜 제**	′ ⁊ ⻖ ⻖ ⻖ ⻖ 队 除 除 除
	⻖부수 (총10획)	除 除
	排除 (배제) 除外 (제외)	

諸	**모두 제**	⁼ ⁼ 言 言 言 言 計 計 詳 詳 諸 諸 諸 諸
	言부수 (총15획)	諸 諸
	諸般 (제반) 諸島 (제도)	

製	**지을 제**	仁 仁 仁 午 制 制 制 制 製 製 製 製
	衣부수 (총14획)	製 製
	製品 (제품) 製作 (제작)	

兆	**억조 조**	′ ⁊ ⁊ 扎 兆 兆
	儿부수 (총6획)	兆 兆
	兆朕 (조짐) 吉兆 (길조)	

早	**일찍 조**	丨 冂 曱 曰 旦 早
	日부수 (총6획)	早 早
	早速 (조속) 早晚間 (조만간)	

造	**지을 조**	′ ⌒ 牛 牛 牛 告 告 告 造 造 造
	⻌부수 (총11획)	造 造
	構造 (구조) 製造 (제조)	

鳥	**새 조**	′ ⺆ 冇 户 自 鳥 鳥 鳥 鳥 鳥 鳥
	鳥부수 (총11획)	鳥 鳥
	鳥類 (조류) 鳥瞰圖 (조감도)	

調	**고를 조**	⁼ 言 言 言 言 言 訂 訂 調 調 調 調 調
	言부수 (총15획)	調 調
	調査 (조사) 強調 (강조)	

朝	아침 조	一 十 产 古 古 吉 直 卓 朝 朝 朝 朝					
	月부수 (총12획)	朝 朝					
	朝夕 (조석) 王朝 (왕조)						

助	도울 조	丨 刀 月 月 且 助 助					
	力부수 (총7획)	助 助					
	協助 (협조) 共助 (공조)						

祖	할아버지 조	一 亍 亓 才 初 初 祖 祖 祖					
	礻부수 (총10획)	祖 祖					
	祖上 (조상) 先祖 (선조)						

足	발 족	丨 口 口 尸 尸 足 足					
	足부수 (총7획)	足 足					
	不足 (부족) 滿足 (만족)						

族	겨레 족	亠 亠 亐 方 方 扩 扩 扩 扩 族 族					
	方부수 (총11획)	族 族					
	家族 (가족) 民族 (민족)						

存	있을 존	一 ナ 才 打 存 存					
	子부수 (총6획)	存 存					
	存在 (존재) 保存 (보존)						

尊	높을 존	⺍ 八 尸 伫 伊 伊 侖 酋 酋 酋 尊 尊					
	寸부수 (총12획)	尊 尊					
	尊重 (존중) 尊敬 (존경)						

卒	군사 졸	丶 亠 广 亣 杰 亝 卆 卒					
	十부수 (총8획)	卒 卒					
	卒業 (졸업) 兵卒 (병졸)						

宗	마루 종	丶 丷 宀 宀 宀 宁 宗 宗					
	宀부수 (총8획)	宗 宗					
	宗廟 (종묘) 宗敎 (종교)						

種	씨 종	ノ ニ 千 チ チ チ チ 科 秆 秆 種 種 種
	禾부수 (총14획)	種 種
	各種 (각종) 業種 (업종)	

鐘	쇠북 종	ノ ゲ 牟 金 金 鈩 鋅 鐈 鐈 鐈 鐘 鐘
	金부수 (총20획)	鐘 鐘
	警鐘 (경종) 自鳴鐘 (자명종)	

終	마칠 종	ノ 幺 幺 幺 糸 糸 糹 終 終 終 終
	糸부수 (총11획)	終 終
	最終 (최종) 終了 (종료)	

從	좇을 종	ノ ノ 彳 彳 彳 仰 仰 從 從 從
	彳부수 (총11획)	從 從
	從前 (종전) 服從 (복종)	

左	왼 좌	一 ナ ナ 左 左
	工부수 (총5획)	左 左
	左遷 (좌천) 證左 (증좌)	

坐	앉을 좌	ノ 人 人 从 坐 坐 坐
	土부수 (총7획)	坐 坐
	坐板 (좌판) 坐視 (좌시)	

罪	허물 죄	一 冂 冂 罒 罒 罪 罪 罪 罪 罪 罪 罪
	罒부수 (총13획)	罪 罪
	犯罪 (범죄) 謝罪 (사죄)	

主	주인 주	丶 一 二 主 主
	丶부수 (총5획)	主 主
	主張 (주장) 主導 (주도)	

注	부을 주	丶 丶 氵 氵 氵 注 注 注
	氵부수 (총8획)	注 注
	注目 (주목) 注視 (주시)	

住	살 주	ノ イ 亻 伫 住 住 住
	亻부수 (총7획)	住 住
	住宅 (주택) 居住 (거주)	

朱	붉을 주	ノ ト 느 牛 牛 朱
	木부수 (총6획)	朱 朱
	朱木 (주목) 朱蒙 (주몽)	

宙	집 주	` ′ 宀 宀 宁 审 宙 宙
	宀부수 (총8획)	宙 宙
	宇宙 (우주) 碧宙 (벽주)	

走	달릴 주	一 十 土 キ キ 走 走
	走부수 (총7획)	走 走
	走行 (주행) 逃走 (도주)	

酒	술 주	` ` 氵 疒 氻 沥 沥 洒 酒 酒
	酉부수 (총10획)	酒 酒
	麥酒 (맥주) 飮酒 (음주)	

晝	낮 주	フ ヨ ヨ ヨ 聿 聿 書 書 書 晝 晝
	日부수 (총11획)	晝 晝
	晝宵 (주소) 晝夜 (주야)	

竹	대 죽	ノ 丿 丬 丬 竹 竹
	竹부수 (총6획)	竹 竹
	竹島 (죽도) 爆竹 (폭죽)	

中	가운데 중	丨 冂 口 中
	丨부수 (총4획)	中 中
	中斷 (중단) 集中 (집중)	

重	무거울 중	一 二 千 千 盲 盲 重 重 重
	里부수 (총9획)	重 重
	重要 (중요) 愼重 (신중)	

衆	무리 중	ノ 亻 血 血 血 血 血 衆 衆 衆 衆 衆				
	血부수 (총12획)	衆 衆				
	公衆 (공중) 民衆 (민중)					

卽	곧 즉	ノ 亻 丷 甴 白 自 自 卽 卽				
	卩부수 (총9획)	卽 卽				
	卽刻 (즉각) 卽席 (즉석)					

曾	일찍 증	ノ 八 八 什 伶 伶 伶 侖 侖 曾 曾 曾				
	曰부수 (총12획)	曾 曾				
	曾孫 (증손) 曾子 (증자)					

增	더할 증	十 圹 圹 圹 圹 圹 圹 圹 圹 圹 增 增 增 增 增				
	土부수 (총15획)	增 增				
	急增 (급증) 增殖 (증식)					

證	증거 증	言 言 言 訂 訝 訝 詳 證 證 證 證 證 證				
	言부수 (총19획)	證 證				
	證據 (증거) 檢證 (검증)					

只	다만 지	丨 冂 口 只 只				
	口부수 (총5획)	只 只				
	只今 (지금) 但只 (단지)					

支	지탱할 지	一 十 支 支				
	支부수 (총4획)	支 支				
	支援 (지원) 支配 (지배)					

枝	가지 지	一 十 才 木 朾 枚 杉 枝				
	木부수 (총8획)	枝 枝				
	枝葉 (지엽) 枝幹 (지간)					

止	그칠 지	丨 卜 止 止				
	止부수 (총4획)	止 止				
	禁止 (금지) 沮止 (저지)					

1. 다음 문장에서 등장하는 한자의 독음(읽는 소리)을 (   ) 안에 쓰시오.

1) 형제의 **友**애가 아주 좋다. (   )

2) 저분은 **偉**대한 업적을 이룩한 사람이다. (   )

3) 뉴스에 따르면 **銀**행 금리가 1% 오른다고 한다. (   )

4) 단상 위에 오르자 사람들의 **耳**목이 집중되었다. (   )

5) **自**유의 달콤함은 그 무엇과도 바꿀 수 없다. (   )

6) 이 사건은 증권가의 호**材**로 작용했다. (   )

7) 동**錢**도 모으면 큰돈이 된다. (   )

8) 봄을 맞이해 대규모 꽃 축**祭**가 열린다. (   )

9) 우리는 백의 민**族**이다. (   )

10) **晝**야를 가리지 않고 책에 빠져들었다. (   )

2. 밑줄 친 말에 해당하는 한자를 <보기>에서 찾아 번호를 쓰시오.

보기 ▶ ①題 ②終 ③場 ④議 ⑤井 ⑥唯 ⑦雄 ⑧證 ⑨忍 ⑩赤

1) 의적들은 <u>붉은</u> 깃발을 휘날리며 전진했다. (   )

2) 동물은 보통 <u>수컷</u>의 생김새가 더 화려하다. (   )

3) 새로 만든 작품에 멋진 <u>제목</u>을 지어주고 싶다. (   )

4) <u>오직</u> 한 사람을 위한 노래를 불렀다. (   )

5) 정확한 판결을 위해 <u>증거</u>를 제출했다. (   )

6) 세 번 <u>참으면</u> 살인도 면한다고 했다. (   )

7) 이번 행사를 기념하여 놀이<u>마당</u>이 펼쳐졌다. (   )

8) 잠시 후 모든 수업이 <u>끝난다</u>. (   )

9) 서로 다른 의견이 있다면 충분히 <u>의논</u>해야 한다. (   )

10) 목마른 사람이 직접 <u>우물</u>을 파는 법이다. (   )

3. 한자의 훈(뜻)과 음(소리)을 쓰시오.

1) 憂 →   6) 將 →

2) 願 →   7) 敵 →

3) 遺 →   8) 戰 →

4) 應 →   9) 精 →

5) 寅 →   10) 罪 →

4. 다음 내용에 알맞은 사자성어를 <보기>에서 찾아 번호를 쓰시오.

보기 ▶ ① 唯一無二 (유일무이) ② 朝令暮改(조령모개)
③ 有備無患(유비무환) ④ 晝耕夜讀(주경야독) ⑤ 意氣揚揚(의기양양)
⑥ 人之常情(인지상정) ⑦ 牛耳讀經(우이독경) ⑧ 長幼有序(장유유서)
⑨ 坐不安席(좌불안석) ⑩ 一擧兩得(일거양득)

1) 누구나 가지는 보통 마음이나 생각을 말한다. (　　　)

2) 둘이 아닌 오직 하나뿐이라는 뜻이다. (　　　)

3) 어른과 아이 사이에는 차례가 있다는 뜻으로 오륜 중 하나이다. (　　　)

4) 쇠귀에 경 읽기라는 뜻으로 아무리 가르쳐 주어도 알아듣지 못함을 말한다. (　　　)

5) 한 가지 일로 두 가지 이득을 본다는 말이다. (　　　)

6) 앉아 있어도 자리가 편하지 않다는 뜻이다. (　　　)

7) 미리 준비가 되어 있으면 근심할 것이 없다는 뜻이다. (　　　)

8) 낮에는 농사를 짓고 밤에는 글을 공부한다는 뜻이다. (　　　)

9) 만족스러운 마음이 얼굴에 나타나 매우 자랑스럽게 행동하는 모양을 말한다. (　　　)

10) 아침에 내린 명령을 저녁에 다시 바꾼다는 뜻이다. (　　　)

함께 익히면 좋은 사자성어

牛耳讀經

우이독경   소 우   귀 이   읽을 독   경서 경

쇠귀에 경 읽기라는 뜻으로, 아무리 가르치고
일러 주어도 알아듣지 못하는 것을 말한다.

우   이   독   경   우   이   독   경

有備無患

유비무환   있을 유   갖출 비   없을 무   근심 환

미리 준비가 되어 있으면 근심할 것이 없다는 뜻으로,
모든 것이 갖추어져 있어야 근심이 없다는 말이다.

유   비   무   환   유   비   무   환

唯一無二

유일무이   오직 유   한 일   없을 무   두 이

둘이 아닌 오직 하나뿐이라는 뜻으로,
유일하다는 것을 강조하는 말이다.

유   일   무   이   유   일   무   이

意氣揚揚

의기양양   뜻 의   기운 기   날릴 양   날릴 양

뜻한 바를 이루어 만족한 마음이 얼굴에 나타난 모양을 뜻하며,
자랑스럽게 행동하는 것을 말한다.

의   기   양   양   의   기   양   양

人之常情

인지상정 사람**인** 갈**지** 떳떳할**상** 뜻**정**

사람의 보통 인정이라는 뜻으로, 사람이면 누구나 가지는
보통 마음이나 생각을 말한다.

인	지	상	정

인	지	상	정

長幼有序

장유유서 어른**장** 어릴**유** 있을**유** 차례**서**

어른과 아이 사이에는 차례가 있다는 뜻으로, 연장자와 연소자
사이에는 지켜야 할 차례가 있음을 이르는 오륜 중 하나이다.

장	유	유	서

장	유	유	서

坐不安席

좌불안석 앉을**좌** 아닐**불** 편안할**안** 자리**석**

자리에 편안히 앉지 못한다는 뜻으로, 마음에 불안이나
근심 등이 있어 한 자리에 오래 앉아 있지 못함을 말한다.

좌	불	안	석

좌	불	안	석

晝耕夜讀

주경야독 낮**주** 밭갈**경** 밤**야** 읽을**독**

낮에는 농사를 짓고 밤에는 글을 읽는다는 뜻으로,
바쁘고 어려운 중에도 꿋꿋이 공부함을 말한다.

주	경	야	독

주	경	야	독

之	갈 지 丿부수 (총4획) 又重之 (우중지) 當之者 (당지자)	`丶 ㇏ ㇇ 之`	之	之				
知	알 지 矢부수 (총8획) 知識 (지식) 知慧 (지혜)	`丿 ㇗ ㇏ 矢 矢 知 知 知`	知	知				
地	땅 지 土부수 (총6획) 地域 (지역) 地方 (지방)	`一 十 土 圤 圳 地`	地	地				
指	가리킬 지 扌부수 (총9획) 指摘 (지적) 指揮 (지휘)	`一 十 扌 扌 护 护 指 指 指`	指	指				
志	뜻 지 志부수 (총7획) 意志 (의지) 志願 (지원)	`一 十 士 㞢 志 志 志`	志	志				
至	이를 지 至부수 (총6획) 冬至 (동지) 至急 (지급)	`一 ㄥ 厼 至 至 至`	至	至				
紙	종이 지 糸부수 (총10획) 便紙 (편지) 紙幣 (지폐)	`丶 ㄠ ㄠ 幺 幺 糸 糸 紅 紙 紙`	紙	紙				
持	가질 지 扌부수 (총9획) 維持 (유지) 持續 (지속)	`一 十 扌 扌 扩 挂 挂 持 持`	持	持				
直	곧을 직 目부수 (총8획) 直接 (직접) 率直 (솔직)	`一 ㇒ 𠃌 方 有 有 百 直`	直	直				

辰	별 진/때 신	ー 厂 厂 厂 厂 辰 辰 辰					
	辰부수 (총7획)	辰	辰				
	元辰 (원신) 辰刻 (진각)						

眞	참 진	ー ビ ゲ 目 眉 眉 眉 直 眞 眞					
	目부수 (총10획)	眞	眞				
	眞摯 (진지) 眞情 (진정)						

進	나아갈 진	ノ イ イ イ 作 作 隹 隹 准 准 進					
	辶부수 (총12획)	進	進				
	推進 (추진) 進行 (진행)						

盡	다할 진	コ コ ヨ 聿 聿 聿 肃 肃 壽 壽 壽 盡					
	皿부수 (총14획)	盡	盡				
	未盡 (미진) 盡力 (진력)						

質	바탕 질	厂 厂 斤 所 所 所 質 質 質 質 質					
	貝부수 (총15획)	質	質				
	物質 (물질) 性質 (성질)						

集	모을 집	ノ イ イ 伫 仹 仹 佯 隹 隹 隼 集 集					
	隹부수 (총12획)	集	集				
	蒐集 (수집) 募集 (모집)						

執	잡을 집	一 十 土 キ キ 幸 幸 幸 剌 執 執					
	土부수 (총11획)	執	執				
	執行 (집행) 執着 (집착)						

且	또 차	I 冂 月 月 且					
	一부수 (총5획)	且	且				
	苟且 (구차) 且置 (차치)						

次	버금 차	ー ニ ラ ラ 方 次					
	欠부수 (총6획)	次	次				
	次元 (차원) 節次 (절차)						

此	**이 차**	ㅣ ㅏ ㅏ 止 此 此						
	止부수 (총6획)	此 此						
	如此 (여차) 此後 (차후)							

借	**빌릴 차**	ノ イ イ 丹 伫 伫 供 借 借 借						
	亻부수 (총10획)	借 借						
	借款 (차관) 借名 (차명)							

着	**붙을 착**	⺜ ⺜ ⺜ 羊 差 差 着 着 着 着						
	目부수 (총12획)	着 着						
	癒着 (유착) 執着 (집착)							

察	**살필 찰**	⺀ 宀 宀 㝵 㝵 宛 宛 突 宓 察 察 察 察						
	宀부수 (총14획)	察 察						
	檢察 (검찰) 觀察 (관찰)							

參	**참여할 참**	⼀ ⼀ 厽 厽 厽 厽 �César 矣 矣 參 參						
	厶부수 (총11획)	參 參						
	參席 (참석) 參拜 (참배)							

昌	**창성할 창**	ㅣ 冂 冃 日 日 吕 昌 昌						
	日부수 (총8획)	昌 昌						
	繁昌 (번창) 昌盛 (창성)							

唱	**부를 창**	ㅣ ㅁ ㅁ 叩 叩 叩 明 唱 唱 唱 唱						
	口부수 (총11획)	唱 唱						
	合唱 (합창) 復唱 (복창)							

窓	**창 창**	⺀ 宀 宀 㝵 宛 空 空 窓 窓 窓 窓						
	穴부수 (총11획)	窓 窓						
	窓門 (창문) 同窓 (동창)							

菜	**나물 채**	ㅡ �países 艹 芍 芍 芍 芦 菜 菜 菜						
	艹부수 (총12획)	菜 菜						
	菜蔬 (채소) 花菜 (화채)							

104

採	**캘 채** 扌부수 (총11획) 採擇 (채택) 採用 (채용)	一 亅 扌 扌 扩 扩 扩 抙 抙 採 採	採	採					
責	**꾸짖을 책** 貝부수 (총11획) 責任 (책임) 叱責 (질책)	一 二 亖 圭 责 青 青 青 青 責 責	責	責					
冊	**책 책** 冂부수 (총5획) 冊床 (책상) 冊子 (책자)	丨 冂 冂 冊 冊	冊	冊					
妻	**아내 처** 女부수 (총8획) 妻家 (처가) 妻子 (처자)	一 ㄱ 〒 킈 吏 妻 妻 妻	妻	妻					
處	**곳 처** 虍부수 (총11획) 處理 (처리) 措處 (조처)	丶 广 卢 虍 虍 虔 虔 處 處	處	處					
尺	**자 척** 尸부수 (총4획) 咫尺 (지척) 尺度 (척도)	ㄱ ㄹ 尸 尺	尺	尺					
千	**일천 천** 十부수 (총3획) 千萬 (천만) 數千 (수천)	一 二 千	千	千					
天	**하늘 천** 大부수 (총4획) 天壽 (천수) 天命 (천명)	一 二 于 天	天	天					
川	**내 천** 川부수 (총3획) 河川 (하천) 乾川 (건천)	丿 丿 川	川	川					

泉	샘 천	′ ′ ′ 宀 白 白 白 宇 泉 泉 泉						
	水부수 (총9획)	泉 泉						
	溫泉 (온천) 源泉 (원천)							

淺	얕을 천	′ ′ ′ ′ ′ 氵 沪 泸 泻 浅 淺 淺						
	氵부수 (총11획)	淺 淺						
	淺薄 (천박) 鄙淺 (비천)							

鐵	쇠 철	▲ ▲ 牟 牟 金 釒 鈝 鉾 鋳 鐼 鐵 鐵						
	金부수 (총21획)	鐵 鐵						
	鐵道 (철도) 鐵筋 (철근)							

靑	푸를 청	一 一 三 丰 丰 青 青 青						
	靑부수 (총8획)	靑 靑						
	靑年 (청년) 靑雲 (청운)							

淸	맑을 청	′ ′ ′ 氵 汀 汗 洼 淓 清 清 清						
	氵부수 (총11획)	淸 淸						
	淸明 (청명) 淸算 (청산)							

晴	갤 청	丨 冂 冃 日 日 旷 旷 昨 晴 晴 晴 晴						
	日부수 (총12획)	晴 晴						
	快晴 (쾌청) 晴天 (청천)							

請	청할 청	ー ⼆ ⼆ 言 言 訪 請 請 請 請 請						
	言부수 (총15획)	請 請						
	申請 (신청) 請援 (청원)							

聽	들을 청	ℙ ℙ ℙ ℙ ℙ ℙ ℙ 聜 聜 聥 聽 聽 聽						
	耳부수 (총22획)	聽 聽						
	盜聽 (도청) 視聽 (시청)							

體	몸 체	⼞ ⼞ 骨 骨 骨 骨 骿 體 體 體 體 體						
	骨부수 (총23획)	體 體						
	團體 (단체) 體系 (체계)							

初	처음 초	` ヮ オ 礻 ネ 初 初					
	刀부수 (총7획)	初	初				
	最初 (최초) 初步 (초보)						

草	풀 초	一 十 十 艹 芦 芦 苩 草 草					
	艹부수 (총10획)	草	草				
	草木 (초목) 草案 (초안)						

招	부를 초	一 十 扌 扌 护 护 护 招 招					
	扌부수 (총8획)	招	招				
	招來 (초래) 招聘 (초빙)						

寸	마디 촌	一 寸 寸					
	寸부수 (총3획)	寸	寸				
	寸數 (촌수) 寸劇 (촌극)						

村	마을 촌	一 十 十 木 村 村 村					
	木부수 (총7획)	村	村				
	農村 (농촌) 村落 (촌락)						

最	가장 최	I 冂 冃 日 旦 旱 昙 昙 晸 最 最					
	日부수 (총12획)	最	最				
	最近 (최근) 最高 (최고)						

秋	가을 추	´ ㅡ 千 千 禾 禾 利 秒 秋					
	禾부수 (총9획)	秋	秋				
	立秋 (입추) 春秋 (춘추)						

追	쫓을/따를 추	´ 亻 冂 户 自 自 自 泊 追 追					
	辶부수 (총10획)	追	追				
	追加 (추가) 追求 (추구)						

推	밀 추	一 十 扌 扩 拃 扩 拃 拃 拃 推 推					
	扌부수 (총11획)	推	推				
	推進 (추진) 推定 (추정)						

丑	소 축	ㄱ ㄲ ㅠ 丑
	一부수 (총4획)	丑 丑
	癸丑 (계축) 丑日 (축일)	

祝	빌 축	一 ㄧ ㅜ ㅜ ㅉ ㅉ 示 祝 祝 祝
	礻부수 (총10획)	祝 祝
	祝祭 (축제) 祝福 (축복)	

春	봄 춘	一 二 三 声 夫 表 春 春 春
	日부수 (총9획)	春 春
	春分 (춘분) 立春 (입춘)	

出	날 출	ㅣ ㅛ 屮 出 出
	凵부수 (총5획)	出 出
	出帆 (출범) 抽出 (추출)	

充	채울 충	丶 亠 去 去 产 充
	儿부수 (총6획)	充 充
	擴充 (확충) 充實 (충실)	

忠	충성 충	ㅣ ㅁ ㅁ 中 中 忠 忠 忠
	心부수 (총8획)	忠 忠
	忠誠 (충성) 忠告 (충고)	

蟲	벌레 충	ㅁ ㅁ 中 虫 虫 虫 蟲 蟲 蟲 蟲 蟲
	虫부수 (총18획)	蟲 蟲
	昆蟲 (곤충) 蛔蟲 (회충)	

取	가질 취	一 ㄒ ㄈ ㅌ ㅌ 耳 取 取
	又부수 (총8획)	取 取
	攝取 (섭취) 取扱 (취급)	

吹	불 취	ㅣ 口 口 吖 吹 吹
	口부수 (총7획)	吹 吹
	鼓吹 (고취) 歌吹 (가취)	

就	나아갈 취	⟶ 亠 玄 古 亨 亨 京 京 就 就 就					
	尢부수 (총12획)	就 就					
	就業 (취업) 就任 (취임)						

治	다스릴 치	⟶ ⟶ 氵 氵 沪 沪 治 治					
	氵부수 (총8획)	治 治					
	治療 (치료) 治癒 (치유)						

致	이룰 치	⟶ 工 工 互 互 至 至 至 致 致					
	至부수 (총10획)	致 致					
	拉致 (납치) 一致 (일치)						

齒	이 치	⟶ 止 歩 歩 歩 歩 齿 齿 齿 齿 齿 齒 齒					
	齒부수 (총15획)	齒 齒					
	齒牙 (치아) 齒列 (치열)						

則	법칙 칙	l 冂 冃 月 目 貝 貝 則 則					
	刂부수 (총9획)	則 則					
	原則 (원칙) 規則 (규칙)						

親	친할 친	⟶ 立 立 立 辛 辛 辛 亲 新 親 親 親 親 親					
	見부수 (총16획)	親 親					
	親舊 (친구) 親戚 (친척)						

七	일곱 칠	一 七					
	一부수 (총2획)	七 七					
	七月 (칠월) 七夕 (칠석)						

針	바늘 침	ノ 𠆢 𠆢 亼 牟 牟 金 金 金 針					
	金부수 (총10획)	針 針					
	方針 (방침) 指針 (지침)						

快	쾌할 쾌	⟶ ⟶ 忄 忄 忄 快 快					
	忄부수 (총7획)	快 快					
	欣快 (흔쾌) 愉快 (유쾌)						

他	다를 타	ノ 亻 亻 仲 他						
	亻부수 (총5획)							
	他鄕 (타향) 他人 (타인)	他 他						

打	칠 타	一 十 扌 扒 打						
	扌부수 (총5획)							
	打擊 (타격) 毆打 (구타)	打 打						

脫	벗을 탈	丿 刀 刀 月 月 凡 肸 肸 肸 脫 脫						
	月부수 (총11획)							
	逸脫 (일탈) 脫出 (탈출)	脫 脫						

探	찾을 탐	一 十 扌 扩 扩 扩 护 抨 抨 探 探						
	扌부수 (총11획)							
	探究 (탐구) 探索 (탐색)	探 探						

太	클 태	一 ナ 大 太						
	大부수 (총4획)							
	太陽 (태양) 太初 (태초)	太 太						

泰	클 태	一 一 三 声 夫 奏 泰 泰 泰 泰						
	水부수 (총10획)							
	泰國 (태국) 泰山 (태산)	泰 泰						

宅	집 택	丶 宀 宀 宅 宅 宅						
	宀부수 (총6획)							
	住宅 (주택) 宅地 (택지)	宅 宅						

土	흙 토	一 十 土						
	土부수 (총3획)							
	土臺 (토대) 領土 (영토)	土 土						

通	통할 통	フ マ マ 丙 丙 甬 甬 涌 涌 涌 通						
	辶부수 (총11획)							
	普通 (보통) 通過 (통과)	通 通						

統	거느릴 **통**	＜ ㄠ ㄠ ㄠ ㄠ ㄠ ㄠ 糸 紆 紆 紡 統 統					
	糸부수 (총12획)	統	統				
	統合 (통합) 統制 (통제)						

退	물러날 **퇴**	ㄱ ㄱ ㅋ ㅋ ㅋ ㅌ ㅌ ㅌ 退 退					
	⻌부수 (총10획)	退	退				
	辭退 (사퇴) 後退 (후퇴)						

投	던질 **투**	ㄧ ㅓ ㅓ ㅓ ㅓ ㅓ 投					
	扌부수 (총7획)	投	投				
	投資 (투자) 投入 (투입)						

特	특별할 **특**	ノ ト 느 牛 牛 牜 牜 牜 特 特					
	牛부수 (총10획)	特	特				
	特別 (특별) 特定 (특정)						

破	깨뜨릴 **파**	一 ㄱ ㄱ 石 石 石 矿 矿 破 破					
	石부수 (총10획)	破	破				
	破綻 (파탄) 破壞 (파괴)						

波	물결 **파**	＼ ＼ ㄱ ㄱ 氵 汁 波 波					
	氵부수 (총8획)	波	波				
	波紋 (파문) 餘波 (여파)						

判	판단할 **판**	＼ ㅅ ㅅ ⼂ 半 半 判					
	刂부수 (총7획)	判	判				
	判斷 (판단) 判決 (판결)						

八	여덟 **팔**	ノ 八					
	八부수 (총2획)	八	八				
	八方 (팔방) 八字 (팔자)						

貝	조개 **패**	Ⅰ 冂 冃 冃 目 貝 貝					
	貝부수 (총7획)	貝	貝				
	貝物 (패물) 魚貝 (어패)						

敗	패할 패	Ⅰ Ⅱ Ⅱ Ⅱ 目 則 貝 則 趴 敗 敗
	攵부수 (총11획) 失敗 (실패) 敗北 (패배)	敗 敗
片	조각 편	丿 丿 广 片
	片부수 (총4획) 片肉 (편육) 片刻 (편각)	片 片
便	편할 편	丿 亻 亻 仁 佢 佢 佢 便 便
	亻부수 (총9획) 形便 (형편) 便紙 (편지)	便 便
篇	책 편	丿 ⺮ ⺮ ⺮ 竺 笘 笘 笘 篙 篇 篇
	行부수 (총15획) 短篇 (단편) 玉篇 (옥편)	篇 篇
平	평평할 평	一 一 六 二 平
	干부수 (총5획) 平均 (평균) 平和 (평화)	平 平
閉	닫을 폐	Ⅰ Ⅰ 阝 阝 門 門 門 門 閉 閉
	門부수 (총11획) 閉鎖 (폐쇄) 閉幕 (폐막)	閉 閉
布	베 포	丿 ナ 才 右 布
	巾부수 (총5획) 公布 (공포) 配布 (배포)	布 布
抱	안을 포	一 十 扌 扩 扐 扚 拘 抱
	扌부수 (총8획) 抱負 (포부) 懷抱 (회포)	抱 抱
暴	사나울 폭	冂 冃 旦 旦 昮 昴 異 暴 暴 暴 暴
	日부수 (총15획) 暴力 (폭력) 暴騰 (폭등)	暴 暴

表	겉 표	一 二 十 キ 丰 主 麦 麦 表
	衣부수 (총8획)	表　表
	發表 (발표) 表示 (표시)	

品	물건 품	丨 冂 冂 冋 吊 吊 品 品 品
	口부수 (총9획)	品　品
	製品 (제품) 物品 (물품)	

風	바람 풍	丿 几 凡 凡 凨 凨 風 風 風
	風부수 (총9획)	風　風
	風景 (풍경) 颱風 (태풍)	

豊	풍년 풍	丨 冂 曰 曲 曲 曲 豊 豊 豊 豊 豊
	豆부수 (총13획)	豊　豊
	豐年 (풍년) 豐足 (풍족)	

皮	가죽 피	丿 厂 广 皮 皮
	皮부수 (총5획)	皮　皮
	脫皮 (탈피) 毛皮 (모피)	

彼	저 피	丿 彳 彳 彳 彳 彿 彼 彼
	彳부수 (총8획)	彼　彼
	彼此 (피차) 於此彼 (어차피)	

必	반드시 필	丶 丿 必 必 必
	心부수 (총5획)	必　必
	必要 (필요) 必須 (필수)	

匹	짝 필	一 丁 兀 匹
	匸부수 (총4획)	匹　匹
	配匹 (배필) 匹敵 (필적)	

筆	붓 필	𠂉 𠂉 𠂉 竻 笁 笁 笁 筆 筆 筆
	竹부수 (총12획)	筆　筆
	隨筆 (수필) 筆筒 (필통)	

下	아래 하	一 丁 下					
	一 부수 (총3획)	下	下				
	傘下 (산하) 下降 (하강)						

夏	여름 하	一 一 一 一 甬 百 百 戸 夏 夏					
	夊 부수 (총10획)	夏	夏				
	立夏 (입하) 夏至 (하지)						

賀	하례할 하	기 力 加 加 加 智 智 智 賀 賀					
	貝 부수 (총12획)	賀	賀				
	賀儀 (하의) 祝賀 (축하)						

何	어찌 하	丿 亻 亻 亻 何 何 何					
	亻 부수 (총7획)	何	何				
	如何 (여하) 何等 (하등)						

河	물 하	丶 丶 氵 氵 沪 沪 河 河					
	氵 부수 (총8획)	河	河				
	氷河 (빙하) 河口 (하구)						

學	배울 학	𠂇 𦥑 𦥑 𦥑 𦥑 𦥑 𦥑 𦥑 𦥑 學 學 學					
	子 부수 (총16획)	學	學				
	大學 (대학) 科學 (과학)						

閑	한가할 한	丨 丨 丨 丨 丨 門 門 門 門 閑 閑 閑					
	門 부수 (총12획)	閑	閑				
	閑暇 (한가) 閑散 (한산)						

寒	찰 한	丶 宀 宀 宁 审 审 审 寒 寒 寒 寒					
	宀 부수 (총12획)	寒	寒				
	小寒 (소한) 寒心 (한심)						

恨	한 한	丶 丶 忄 忄 忄 忖 恨 恨 恨					
	忄 부수 (총9획)	恨	恨				
	恨歎 (한탄) 怨恨 (원한)						

限	한정할 한	` ⺊ ⻖ ⻖⼀ ⻖⼀ ⻖⼄ ⻖⼄ 阽 限 限					
	⻖부수 (총9획)	限	限				
	制限 (제한) 權限 (권한)						

韓	한국 한	⼀ ⼴ 古 査 車 車 朝 朝 朝 韓 韓					
	韋부수 (총17획)	韓	韓				
	韓國 (한국) 北韓 (북한)						

漢	한나라 한	` ⼂ ⺡ 沪 沪 沪 沪 浐 浐 漢 漢 漢 漢 漢					
	⺡부수 (총14획)	漢	漢				
	漢江 (한강) 漢字 (한자)						

合	합할 합	⼃ ⼂ ⼂ 今 合 合					
	口부수 (총6획)	合	合				
	合意 (합의) 統合 (통합)						

恒	항상 항	` ` ⼁ ⼁ 忉 恒 恒 恒 恒					
	⺖부수 (총9획)	恒	恒				
	恒星 (항성) 恒常 (항상)						

害	해할 해	` ` ⼧ 宁 宇 害 害 害 害 害					
	⼧부수 (총10획)	害	害				
	被害 (피해) 妨害 (방해)						

海	바다 해	` ` ⼂ ⼆ ⼆ 汇 海 海 海 海					
	⺡부수 (총10획)	海	海				
	海外 (해외) 海洋 (해양)						

亥	돼지 해	` ⼇ ⼇ 步 亥 亥					
	⼇부수 (총6획)	亥	亥				
	亥方 (해방) 乾亥風 (건해풍)						

解	풀 해	` ⺈ ⺈ ⽷ 角 角 角 解 解 解 解 解 解					
	角부수 (총13획)	解	解				
	解決 (해결) 解消 (해소)						

行	다닐 행	´ ´ ´ ´ 彳 行 行				
	行부수 (총6획)					
	施行 (시행) 行爲 (행위)	行	行			

幸	다행 행	一 十 土 ± ± 幸 幸 幸				
	干부수 (총8획)					
	多幸 (다행) 幸福 (행복)	幸	幸			

向	향할 향	´ ´ 冂 冂 向 向				
	口부수 (총6획)					
	方向 (방향) 動向 (동향)	向	向			

香	향기 향	一 二 千 禾 禾 禾 香 香 香				
	香부수 (총9획)					
	香氣 (향기) 薰香 (훈향)	香	香			

鄕	시골 향	´ ´ ´ ´ ´ ´ ´ ´ ´ ´ ´ 鄕 鄕				
	阝부수 (총13획)					
	他鄕 (타향) 故鄕 (고향)	鄕	鄕			

虛	빌 허	´ ´ ´ 广 庐 庐 虍 虗 虗 虗 虛				
	虍부수 (총12획)					
	謙虛 (겸허) 虛點 (허점)	虛	虛			

許	허락할 허	` 二 言 言 言 言 言 許 許 許				
	言부수 (총11획)					
	許容 (허용) 許可 (허가)	許	許			

革	가죽 혁	一 十 卄 廿 芦 苫 苫 莒 革				
	革부수 (총9획)					
	革新 (혁신) 變革 (변혁)	革	革			

現	나타날 현	一 二 千 王 玗 玔 玗 玥 玥 玥 現				
	王부수 (총11획)					
	現在 (현재) 現實 (현실)	現	現			

賢	어질 현	⺊ ⺊ ⺊ ⺊ ⺊ 臣又 臤 臤 臤 賢 賢 賢 賢
	貝부수 (총15획)	賢 賢
	賢明 (현명) 集賢殿 (집현전)	

血	피 혈	′ ⺊ ⺊ 血 血 血
	血부수 (총6획)	血 血
	血液 (혈액) 獻血 (헌혈)	

協	화합할 협	⼀ ⼗ ⼗ ⼗ 恊 協 協 協
	十부수 (총8획)	協 協
	協商 (협상) 妥協 (타협)	

兄	맏 형	⼁ ⼝ ⼝ ⼫ 兄
	儿부수 (총5획)	兄 兄
	大兄 (대형) 雅兄 (아형)	

刑	형벌 형	⼀ ⼆ ⼿ 开 刑 刑
	刂부수 (총6획)	刑 刑
	刑罰 (형벌) 刑法 (형법)	

形	모양 형	⼀ ⼆ ⼿ 开 形 形 形
	彡부수 (총7획)	形 形
	形便 (형편) 形態 (형태)	

惠	은혜 혜	⼀ ⼇ 亠 亖 亖 車 車 車 車 惠 惠 惠
	心부수 (총12획)	惠 惠
	惠澤 (혜택) 恩惠 (은혜)	

戶	집 호	⼀ 乛 乛 戶
	戶부수 (총4획)	戶 戶
	戶籍 (호적) 門戶 (문호)	

乎	어조사 호	⼀ ⼂ ⼙ ⼝ 乎
	丿부수 (총5획)	乎 乎
	斷乎 (단호) 確乎 (확호)	

呼	부를 호	ㅣ ㅁ ㅁ ㅁˊ ㅁ⁻ ㅁ⁻ 呼 呼					
	口부수 (총8획)	呼 呼					
	呼訴 (호소) 呼應 (호응)						

好	좋을 호	ㄑ ㄩ ㄩ ㄩˊ 好 好					
	女부수 (총6획)	好 好					
	選好 (선호) 好況 (호황)						

虎	범 호	ㆍ ㅏ ㅏ⁻ 广 户 虍 虏 虎					
	虍부수 (총8획)	虎 虎					
	猛虎 (맹호) 虎皮 (호피)						

號	이름 호	ㅁ ㅁ 号 号ˊ 号⁻ 號 號 號 號 號 號					
	虍부수 (총13획)	號 號					
	記號 (기호) 番號 (번호)						

湖	호수 호	ㆍ ㆍˊ ㆍ⁻ 汁 沽 沽 沽 湖 湖 湖 湖					
	氵부수 (총12획)	湖 湖					
	湖水 (호수) 江湖 (강호)						

或	혹시 혹	一 ㄒ 一⁻ 豆 或 或 或					
	戈부수 (총8획)	或 或					
	間或 (간혹) 或是 (혹시)						

婚	혼인 혼	ㄑ ㄩ ㄩ ㄩˊ 姁 姁 娇 婚 婚 婚 婚					
	女부수 (총11획)	婚 婚					
	結婚 (결혼) 離婚 (이혼)						

混	섞을 혼	ㆍ ㆍˊ ㆍ⁻ 汨 沮 泥 混 混 混 混					
	氵부수 (총11획)	混 混					
	混亂 (혼란) 混沌 (혼돈)						

紅	붉을 홍	ㄥ ㄠ ㄠˊ 糸 糸 糸 紅 紅 紅					
	糸부수 (총9획)	紅 紅					
	紅疫 (홍역) 紅茶 (홍차)						

火	불 화	⼀ ⼀ ⼩ 火
	火부수 (총4획)	火 火
	飛火 (비화) 火山 (화산)	

化	될 화	⼀ ⼈ ⼈ 化
	匕부수 (총4획)	化 化
	變化 (변화) 惡化 (악화)	

花	꽃 화	⼀ ⼗ ⼗ ⼴ ⼴ ⼴ 花 花
	⺾부수 (총8획)	花 花
	花草 (화초) 菊花 (국화)	

貨	재물 화	⼀ ⼈ ⼈ ⼈ 化 化 化 貨 貨 貨 貨
	貝부수 (총11획)	貨 貨
	貨幣 (화폐) 貨物 (화물)	

和	화할 화	⼀ ⼆ ⼲ ⼿ 禾 和 和 和
	口부수 (총8획)	和 和
	緩和 (완화) 調和 (조화)	

話	말씀 화	⼀ ⼀ ⼀ ⼀ ⼀ ⼀ ⼀ 話 話 話 話 話 話
	言부수 (총13획)	話 話
	對話 (대화) 神話 (신화)	

畫	그림 화	⼀ ⼀ ⼀ ⼀ 書 書 書 書 書 書 畫
	田부수 (총13획)	畫 畫
	漫畫 (만화) 人物畫 (인물화)	

華	빛날 화	⼀ ⼀ ⼀ 華 華 華 華 華 華 華 華
	⺾부수 (총12획)	華 華
	華麗 (화려) 昇華 (승화)	

歡	기쁠 환	⼀ ⼀ ⼀ 華 華 華 華 華 歡 歡 歡
	欠부수 (총22획)	歡 歡
	歡迎 (환영) 歡喜 (환희)	

患	근심 환	ㅣ ㅁ ㅁ ㅁ ㄹ ㅌ 串 串 患 患 患					
	心부수 (총11획)	患	患				
	患者 (환자) 疾患 (질환)						

活	살 활	ㆍ ㆍ ㆍ ㅑ ㅏ ㅑ 汗 汗 活 活					
	氵부수 (총9획)	活	活				
	活動 (활동) 活用 (활용)						

黃	누를 황	一 十 卄 廿 並 芏 芏 芦 苗 苗 黃 黃					
	黃부수 (총12획)	黃	黃				
	黃沙 (황사) 黃金 (황금)						

皇	임금 황	ㆍ ㆍ ㄱ ㅁ 白 ㅁ 皇 皐 皇					
	白부수 (총9획)	皇	皇				
	皇帝 (황제) 皇宮 (황궁)						

回	돌아올 회	ㅣ ㄇ ㄇ 冋 回 回					
	口부수 (총6획)	回	回				
	回復 (회복) 撤回 (철회)						

會	모일 회	ㆍ 亼 亼 今 合 合 侖 侖 侖 會 會 會 會					
	日부수 (총13획)	會	會				
	社會 (사회) 國會 (국회)						

孝	효도 효	一 十 土 耂 考 孝 孝					
	子부수 (총7획)	孝	孝				
	孝道 (효도) 孝誠 (효성)						

效	본받을 효	ㆍ 亠 六 ナ 方 交 效 效 效 效					
	攵부수 (총10획)	效	效				
	效果 (효과) 無效 (무효)						

後	뒤 후	ㆍ ㆍ ㅑ 彳 彳 纟 纟 後 後					
	彳부수 (총9획)	後	後				
	午後 (오후) 後續 (후속)						

厚	두터울 후	一 厂 厂 厂 厚 厚 厚 厚 厚					
	厂부수 (총9획)	厚 厚					
	重厚 (중후) 濃厚 (농후)						

訓	가르칠 훈	一 二 三 言 言 言 言 訓 訓 訓					
	言부수 (총10획)	訓 訓					
	訓鍊 (훈련) 敎訓 (교훈)						

休	쉴 휴	ノ 亻 亻 什 休 休					
	亻부수 (총6획)	休 休					
	休暇 (휴가) 休日 (휴일)						

凶	흉할 흉	ノ 乂 凶 凶					
	凵부수 (총4획)	凶 凶					
	吉凶 (길흉) 凶兆 (흉조)						

胸	가슴 흉	ノ 刀 月 月 肝 肑 肑 胸 胸 胸					
	月부수 (총10획)	胸 胸					
	胸像 (흉상) 胸部 (흉부)						

黑	검을 흑	丨 冂 冂 甲 四 里 里 里 黑 黑					
	黑부수 (총12획)	黑 黑					
	黑字 (흑자) 暗黑 (암흑)						

興	일 흥	𠂉 𠂉 𠂊 𦥑 𦥑 𦥑 𦥑 𦥑 𦥑 興 興 興					
	臼부수 (총16획)	興 興					
	興奮 (흥분) 興味 (흥미)						

希	바랄 희	ノ 乂 爻 爻 希 希 希					
	巾부수 (총7획)	希 希					
	希望 (희망) 希願 (희원)						

喜	기쁠 희	一 十 吉 吉 吉 吉 吉 壴 壴 壴 喜 喜					
	口부수 (총12획)	喜 喜					
	歡喜 (환희) 喜悲 (희비)						

✅ 20일 완성 평가 5

1. 다음 문장에서 등장하는 한자의 독음(읽는 소리)을 ( ) 안에 쓰시오.

1) 안부를 전하기 위해 편紙를 쓴다. (   )

2) 아이들은 어여쁜 목소리로 합唱을 했다. (   )

3) 불법 도聽은 범죄이다. (   )

4) 꽃이 피는 것을 보니 입春이 다가왔구나! (   )

5) 어두운 밤을 틈타 脫출을 강행했다. (   )

6) 올림픽 閉막식이 거행되었다. (   )

7) 남극의 빙河가 녹는 속도는 점점 빨라지고 있다. (   )

8) 고鄕을 생각하면 어느새 눈물이 맺혔다. (   )

9) 많은 사람의 축복 속에 결婚식이 열렸다. (   )

10) 새로운 약을 써 보았지만 아무런 效과를 보지 못했다. (   )

2. 밑줄 친 말에 해당하는 한자를 <보기>에서 찾아 번호를 쓰시오.

보기 ▶ ①希 ②香 ③親 ④貨 ⑤責 ⑥借 ⑦進 ⑧合 ⑨特 ⑩惠

1) 가장 친한 친구와 함께 여행을 떠났다. (   )

2) 이 기세를 몰아 멈추지 말고 나아가자! (   )

3) 까치는 은혜를 갚기 위해 돌아왔다. (   )

4) 여행지에서 특별한 경험을 했다. (   )

5) 은행에서 사업에 필요한 자금을 빌렸다. (   )

6) 간절히 바라면 이루어진다고 했다. (   )

7) 여러 의견을 하나로 합해야 한다. (   )

8) 부모는 자식이 잘못하면 엄히 꾸짖어야 한다. (   )

9) 재물이 천만금 있어도 글을 읽는 것만 못하다. (   )

10) 이 꽃은 진한 향기를 풍긴다. (   )

3. 한자의 훈(뜻)과 음(소리)을 쓰시오.

1) 盡 ➡
2) 察 ➡
3) 體 ➡
4) 蟲 ➡
5) 特 ➡

6) 暴 ➡
7) 鄕 ➡
8) 號 ➡
9) 胸 ➡
10) 湖 ➡

4. 다음 내용에 알맞은 사자성어를 <보기>에서 찾아 번호를 쓰시오.

보기 ▶ ① 千篇一律(천편일률) ② 靑出於藍(청출어람)
③ 草綠同色(초록동색) ④ 他山之石(타산지석) ⑤ 知彼知己(지피지기)
⑥ 破竹之勢(파죽지세) ⑦ 畵龍點睛(화룡점정) ⑧ 秋風落葉(추풍낙엽)
⑨ 會者定離(회자정리) ⑩ 風前燈火(풍전등화)

1) 사람은 같은 처지에 있는 사람끼리 어울리거나 편들게 마련이라는 말이다. (   )
2) 바람 앞의 등불이라는 뜻으로, 매우 위급한 처지를 말한다. (   )
3) 세력이나 형세가 갑자기 기울거나 흩어지는 모양을 말한다. (   )
4) 세력이 강대하여 적을 거침없이 물리치고 쳐들어가는 당당한 기세를 말한다. (   )
5) 쪽에서 나온 푸른 물감이 쪽빛보다 더 푸르다는 뜻이다. (   )
6) 용을 그리고 나서 마지막으로 눈동자를 그려 완성한다는 뜻이다. (   )
7) 상대를 제대로 알고 자신을 파악한다면 아무리 싸워도 위태롭지 않다는 말이다. (   )
8) 만나는 사람은 반드시 헤어질 운명에 있다는 뜻이다. (   )
9) 다른 산에 있는 하찮은 돌도 자기의 옥을 가는 데 쓰인다는 뜻이다. (   )
10) 여러 시문의 격조가 변화 없이 똑같다는 말이다. (   )

✅ 함께 익히면 좋은 **사자성어**

知彼知己

지피지기   알 **지**   저 **피**   알 **지**   자기 **기**

적을 알고 나를 안다는 뜻으로, 상대를 제대로 알고 자신을
제대로 파악한다면 아무리 싸우더라도 위태롭지 않음을 말한다.

| 지 | 피 | 지 | 기 | 지 | 피 | 지 | 기 |

青出於藍

청출어람   푸를 **청**   나올 **출**   갈 **어**   쪽 **람**

쪽에서 나온 푸른 물감이 쪽빛보다 더 푸르다는 뜻으로,
스승이나 선배보다 제자나 후배가 더 뛰어나다는 말이다.

| 청 | 출 | 어 | 람 | 청 | 출 | 어 | 람 |

草綠同色

초록동색   풀 **초**   푸를 **록**   같을 **동**   색 **색**

풀과 녹색은 서로 같은 색이라는 뜻으로, 사람은 같은
처지에 있는 사람끼리 어울리거나 편들게 마련이라는 말이다.

| 초 | 록 | 동 | 색 | 초 | 록 | 동 | 색 |

他山之石

타산지석   다를 **타**   메 **산**   갈 **지**   돌 **석**

남의 산에 있는 하찮은 돌도 자기의 옥을 가는 데 쓰인다는
뜻으로, 타인의 사소한 언행도 수양에 도움이 된다는 말이다.

| 타 | 산 | 지 | 석 | 타 | 산 | 지 | 석 |

破竹之勢

깨뜨릴 파 대나무 죽 갈 지 기세 세

대나무를 쪼개는 기세라는 뜻으로, 세력이 강대하여 적을
거침없이 물리치고 쳐들어가는 당당한 기세를 일컫는 말이다.

파 죽 지 세 파 죽 지 세

風前燈火

풍전등화 바람 풍 앞 전 등전 등 불 화

바람 앞의 등불이라는 뜻으로, 매우 위급한 처지에 있거나
사물의 덧없음을 말한다.

풍 전 등 화 풍 전 등 화

畵龍點睛

화룡점정 그림 화 용 룡 점 점 눈동자 정

용을 그리고 나서 마지막으로 눈동자를 그려 완성한다는 뜻으로,
가장 중요한 부분을 마무리함으로써 일을 완성시킨다는 말이다.

화 룡 점 정 화 룡 점 정

會者定離

회자정리 모일 회 놈 자 반드시 정 떠날 리

언젠가는 헤어지게 된다는 뜻으로, 사람의 힘으로는
어떻게 할 수 없는 이별의 아쉬움을 나타내는 말이다.

회 자 정 리 회 자 정 리

家	佳	可	街	歌	加	價	假	各	角
집 가	아름다울 가	옳을 가	거리 가	노래 가	더할 가	값 가	거짓 가	각각 각	뿔 각
脚	干	間	看	渴	甘	減	感	敢	甲
다리 각	방패 간	사이 간	볼 간	목마를 갈	달 감	덜 감	느낄 감	감히 감	갑옷 갑
江	降	講	强	改	皆	個	開	客	更
강 강	내릴 강/항복할 항	강론할 강	강할 강	고칠 개	모두 개	낱 개	열 개	손 객	다시 갱/고칠 경
去	巨	居	車	擧	建	乾	犬	見	堅
갈 거	클 거	살 거	수레 거/차	들 거	세울 건	하늘/마를 건	개 견	볼 견/뵐 현	굳을 견
決	結	潔	京	景	輕	經	庚	耕	敬
결단할 결	맺을 결	깨끗할 결	서울 경	볕/경치 경	가벼울 경	지날/글 경	일곱째 천간 경	밭갈 경	공경 경
驚	慶	競	癸	季	界	計	溪	鷄	古
놀랄 경	경사 경	다툴 경	북방/천간 계	계절 계	지경 계	셀 계	시내 계	닭 계	옛 고
故	固	苦	考	高	告	谷	曲	穀	困
연고 고	굳을 고	쓸 고	생각할 고	높을 고	고할 고	골 곡	굽을 곡	곡식 곡	곤할 곤
坤	骨	工	功	空	共	公	果	課	科
땅 곤	뼈 골	장인 공	공 공	빌 공	함께/한가지 공	공평할 공	열매 과	과정 과	과목 과
過	官	觀	關	光	廣	交	校	橋	敎
지날 과	벼슬 관	볼 관	빗장 관	빛 광	넓을 광	사귈 교	학교 교	다리 교	가르칠 교
九	口	求	救	究	久	句	舊	國	君
아홉 구	입 구	구할 구	구원할 구	연구할 구	오랠 구	글귀 구	옛 구	나라 국	임금 군

郡	軍	弓	卷	權	勸	貴	歸	均	極
고을 군	군사 군	활 궁	책 권	권세 권	권할 권	귀할 귀	돌아갈 귀	고를 균	극진할 극
近	勤	根	金	今	禁	及	給	急	己
가까울 근	부지런할 근	뿌리 근	쇠 금	이제 금	금할 금	미칠 급	줄 급	급할 급	몸 기
記	起	其	期	基	氣	技	幾	旣	吉
기록할 기	일어날 기	그 기	기약할 기	터 기	기운 기	재주 기	몇 기	이미 기	길할 길
暖	難	南	男	內	乃	女	年	念	怒
따뜻할 난	어려울 난	남녘 남	사내 남	안 내	이에 내	여자 녀(여)	해 년(연)	생각 념(염)	성낼 노
農	能	多	丹	但	單	短	端	達	談
농사 농	능할 능	많을 다	붉을 단	다만 단	홀 단	짧을 단	끝 단	통달할 달	말씀 담
答	堂	當	大	代	待	對	德	刀	到
대답 답	집 당	마땅할 당	큰 대	대신할 대	기다릴 대	대할 대	덕 덕	칼 도	이를 도
度	道	島	徒	都	圖	讀	獨	同	洞
법도 도/헤아릴 탁	길 도	섬 도	무리 도	도읍 도	그림 도	읽을 독	홀로 독	한가지 동	마을 동/밝을 통
童	冬	東	動	斗	豆	頭	得	等	登
아이 동	겨울 동	동녘 동	움직일 동	말 두	콩 두	머리 두	얻을 득	무리 등	오를 등
燈	落	樂	卵	浪	郎	來	冷	良	兩
등잔 등	떨어질 락(낙)	즐길락/노래악/좋아할요	알 란(난)	물결 랑(낭)	사내 랑(낭)	올 래(내)	찰 랭(냉)	어질 량(양)	두 량(양)
量	涼	旅	力	歷	連	練	列	烈	令
헤아릴 량(양)	서늘할 량(양)	나그네 려(여)	힘 력(역)	지날 력(역)	이을 련(연)	벌일 련(열)	벌일 렬(열)	세찰 렬(열)	하여금 령(영)

領	例	禮	路	露	老	勞	綠	論	料
거느릴 령(영)	법식 례(예)	예도 례(예)	길 로(노)	이슬 로(노)	늙을 로(노)	일할 로(노)	푸를 록(녹)	논할 론(논)	헤아릴 료(요)
柳	留	流	六	陸	倫	律	里	理	利
버들 류(유)	머무를 류(유)	흐를 류(유)	여섯 륙(육)	뭍 륙(육)	인륜 륜(윤)	법칙 률(율)	마을 리(이)	다스릴 리(이)	이로울 리(이)
李	林	立	馬	莫	萬	晚	滿	末	亡
오얏 리(이)	수풀 림(임)	설 립(입)	말 마	없을 막	일만 만	저물 만	찰 만	끝 말	망할 망
忙	忘	望	每	買	賣	妹	麥	免	勉
바쁠 망	잊을 망	바랄 망	매양 매	살 매	팔 매	손아래 누이 매	보리 맥	면할 면	힘쓸 면
面	眠	名	命	明	鳴	母	毛	暮	木
얼굴 면	잘 면	이름 명	목숨 명	밝을 명	울 명	어머니 모	털 모	저물 모	나무 목
目	卯	妙	戊	茂	武	務	無	舞	墨
눈 목	토끼/넷째지지 묘	묘할 묘	다섯째 천간 무	무성할 무	호반 무	힘쓸 무	없을 무	춤출 무	먹 묵
門	問	聞	文	勿	物	米	未	味	美
문 문	물을 문	들을 문	글월 문	말 물	만물 물	쌀 미	아닐 미	맛 미	아름다울 미
尾	民	密	朴	反	飯	半	發	方	房
꼬리 미	백성 민	빽빽할 밀	성씨 박	돌이킬 반	밥 반	반 반	필 발	모 방	방 방
防	放	訪	拜	杯	白	百	番	伐	凡
막을/둑 방	놓을 방	찾을 방	절 배	잔 배	흰 백	일백 백	차례 번	칠 벌	무릇 범
法	變	別	丙	病	兵	保	步	報	福
법 법	변할 변	다를 별	남녘 병	병 병	병사 병	보전할 보	걸음 보	갚을 보	복 복

伏	服	復	本	奉	逢	夫	扶	父	富
엎드릴 복	옷 복	회복할복/다시부	근본 본	받들 봉	만날 봉	사나이 부	도울 부	아버지 부	부자 부
部	婦	否	浮	北	分	不	佛	朋	比
떼 부	며느리 부	아닐부/막힐비	뜰 부	북녘북/달아날배	나눌 분	아닐불/아니부	부처 불	벗 붕	견줄 비
非	悲	飛	鼻	備	貧	氷	四	巳	士
아닐 비	슬플 비	날 비	코 비	갖출 비	가난할 빈	얼음 빙	넉 사	뱀 사	선비 사
仕	寺	史	使	舍	射	謝	師	死	私
벼슬/섬길 사	절사/관청 시	역사 사	부릴/하여금 사	집 사	쏠 사	사례할 사	스승 사	죽을 사	사사로울 사
絲	思	事	山	産	散	算	殺	三	上
실 사	생각 사	일 사	메 산	낳을 산	흩어질 산	셈할 산	죽일살/감할쇄	석 삼	위 상
尙	常	賞	商	相	霜	想	傷	喪	色
오히려 상	떳떳할/항상상	상줄 상	장사 상	서로 상	서리 상	생각 상	다칠 상	잃을 상	빛 색
生	西	序	書	暑	石	夕	昔	惜	席
날 생	서녘 서	차례 서	글 서	더울 서	돌 석	저녁 석	예 석	아낄 석	자리 석
先	仙	線	鮮	善	船	選	舌	雪	說
먼저 선	신선 선	줄 선	고울 선	착할 선	배 선	가릴 선	혀 설	눈 설	말씀 설
設	姓	性	成	城	誠	盛	省	星	聖
베풀 설	성씨 성	성품 성	이룰 성	성 성	정성 성	성할 성	살필성/덜생	별 성	성인 성
聲	世	洗	稅	細	勢	歲	小	少	所
소리 성	인간/대 세	씻을 세	세금 세	가늘 세	형세 세	해 세	작을 소	적을/젊을 소	바 소

消	素	笑	俗	速	續	孫	松	送	水
사라질 소	본디 소	웃음 소	풍속 속	빠를 속	이을 속	손자 손	소나무 송	보낼 송	물 수
手	受	授	首	守	收	誰	須	雖	愁
손 수	받을 수	줄 수	머리 수	지킬 수	거둘 수	누구 수	모름지기 수	비록 수	근심 수
樹	壽	數	修	秀	叔	淑	宿	順	純
나무 수	목숨 수	셈 수	닦을 수	빼어날 수	아저씨 숙	맑을 숙	잘 숙	순할 순	순수할 순
戌	崇	習	拾	乘	承	勝	市	示	是
개 술	높을 숭	익힐 습	주울 습/열 십	탈 승	이을 승	이길 승	저자 시	보일 시	옳을 시
時	詩	視	施	試	始	識	食	式	植
때 시	시 시	볼 시	베풀 시	시험 시	비로소 시	알 식	밥 식	법 식	심을 식
新	身	申	神	臣	信	辛	實	失	室
새 신	몸 신	납 신	귀신 신	신하 신	믿을 신	매울 신	열매 실	잃을 실	집 실
深	心	甚	十	氏	兒	我	惡	安	案
깊을 심	마음 심	심할 심	열 십	성씨 씨	아이 아	나 아	악할 악/미워할 오	편안 안	책상 안
顔	眼	暗	巖	仰	愛	哀	也	夜	野
얼굴 안	눈 안	어두울 암	바위 암	우러를 앙	사랑 애	슬플 애	어조사 야	밤 야	들 야
弱	若	約	藥	羊	洋	養	揚	陽	讓
약할 약	같을 약	맺을 약	약 약	양 양	큰바다 양	기를 양	날릴 양	볕 양	사양할 양
魚	漁	於	語	億	憶	言	嚴	業	余
물고기 어	고기잡을 어	어조사 어/탄식할 오	말씀 어	억 억	생각할 억	말씀 언	엄할 엄	일 업	나 여

餘	如	汝	與	亦	易	逆	然	煙	硏
남을 여	같을 여	너 여	줄 여	또 역	바꿀 역	거스를 역	그럴 연	연기 연	갈 연
熱	悅	炎	葉	永	英	迎	榮	藝	五
더울 열	기쁠 열	불꽃 염	잎 엽	길 영	꽃부리 영	맞을 영	영화 영	재주 예	다섯 오
吾	悟	午	誤	烏	玉	屋	溫	瓦	臥
나 오	깨달을 오	낮 오	그르칠 오	까마귀 오	구슬 옥	집 옥	따뜻할 온	기와 와	누울 와
完	曰	王	往	外	要	欲	浴	用	勇
완전할 완	가로 왈	임금 왕	갈 왕	바깥 외	요긴할 요	하고자할 욕	목욕할 욕	쓸 용	날랠 용
容	于	宇	右	牛	友	雨	憂	又	尤
얼굴 용	어조사 우	집 우	오른쪽 우	소 우	벗 우	비 우	근심 우	또 우	더욱 우
遇	云	雲	運	雄	元	原	願	遠	園
만날 우	이를 운	구름 운	옮길 운	수컷 웅	으뜸 원	언덕 원	원할 원	멀 원	동산 원
怨	圓	月	位	危	爲	偉	威	由	油
원망할 원	둥글 원	달 월	자리 위	위태할 위	할 위	클 위	위엄 위	말미암을 유	기름 유
酉	有	猶	唯	遊	柔	遺	幼	肉	育
닭 유	있을 유	오히려 유	오직 유	놀 유	부드러울 유	남길 유	어릴 유	고기 육	기를 육
恩	銀	乙	音	吟	飮	陰	邑	泣	應
은혜 은	은 은	새 을	소리 음	읊을 음	마실 음	그늘 음	고을 읍	울 읍	응할 응
衣	依	義	議	矣	醫	意	二	以	已
옷 의	의지할 의	옳을 의	의논할 의	어조사 의	의원 의	뜻 의	두 이	써 이	이미 이

耳	而	異	移	益	人	引	仁	因	忍
귀 이	말이을 이	다를 이	옮길 이	더할 익	사람 인	끌 인	어질 인	인할 인	참을 인
認	寅	印	一	日	壬	入	子	字	自
알 인	범/동방 인	도장 인	한 일	날 일	북방 임	들 입	아들 자	글자 자	스스로 자
者	姉	慈	作	昨	長	章	場	將	壯
놈 자	손윗누이 자	사랑 자	지을 작	어제 작	길 장	글월 장	마당 장	장수 장	장할 장
才	材	財	在	栽	再	哉	爭	著	貯
재주 재	재목 재	재물 재	있을 재	심을 재	두 재	어조사 재	다툴 쟁	나타날 저	쌓을 저
低	的	赤	適	敵	田	全	典	前	展
낮을 저	과녁 적	붉을 적	맞을 적	대적할 적	밭 전	온전 전	법 전	앞 전	펼 전
戰	電	錢	傳	節	絶	店	接	丁	頂
싸움 전	번개 전	돈 전	전할 전	마디 절	끊을 절	가게 점	이을 접	장정/고무래 정	정수리 정
停	井	正	政	定	貞	精	情	靜	淨
머무를 정	우물 정	바를 정	정사 정	정할 정	곧을 정	정할 정	뜻 정	고요할 정	깨끗할 정
庭	弟	第	祭	帝	題	除	諸	製	兆
뜰 정	아우 제	차례 제	제사 제	임금 제	제목 제	덜 제	모두 제	지을 제	억조 조
早	造	鳥	調	朝	助	祖	足	族	存
일찍 조	지을 조	새 조	고를 조	아침 조	도울 조	할아버지 조	발 족	겨레 족	있을 존
尊	卒	宗	種	鐘	終	從	左	坐	罪
높을 존	군사 졸	마루 종	씨 종	쇠북 종	마칠 종	좇을 종	왼 좌	앉을 좌	허물 죄

主	注	住	朱	宙	走	酒	晝	竹	中
주인 주	부을 주	살 주	붉을 주	집 주	달릴 주	술 주	낮 주	대 죽	가운데 중
重	衆	卽	曾	增	證	只	支	枝	止
무거울 중	무리 중	곧 즉	일찍 증	더할 증	증거 증	다만 지	지탱할 지	가지 지	그칠 지
之	知	地	指	志	至	紙	持	直	辰
갈 지	알 지	땅 지	가리킬 지	뜻 지	이를 지	종이 지	가질 지	곧을 직	별 진/때 신
眞	進	盡	質	集	執	且	次	此	借
참 진	나아갈 진	다할 진	바탕 질	모을 집	잡을 집	또 차	버금 차	이 차	빌릴 차
着	察	參	昌	唱	窓	菜	採	責	冊
붙을 착	살필 찰	참여할 참	창성할 창	부를 창	창 창	나물 채	캘 채	꾸짖을 책	책 책
妻	處	尺	千	天	川	泉	淺	鐵	靑
아내 처	곳 처	자 척	일천 천	하늘 천	내 천	샘 천	얕을 천	쇠 철	푸를 청
淸	晴	請	聽	體	初	草	招	寸	村
맑을 청	갤 청	청할 청	들을 청	몸 체	처음 초	풀 초	부를 초	마디 촌	마을 촌
最	秋	追	推	丑	祝	春	出	充	忠
가장 최	가을 추	쫓을/따를 추	밀 추	소 축	빌 축	봄 춘	날 출	채울 충	충성 충
蟲	取	吹	就	治	致	齒	則	親	七
벌레 충	가질 취	불 취	나아갈 취	다스릴 치	이룰 치	이 치	법칙 칙	친할 친	일곱 칠
針	快	他	打	脫	探	太	泰	宅	土
바늘 침	쾌할 쾌	다를 타	칠 타	벗을 탈	찾을 탐	클 태	클 태	집 택	흙 토

通	統	退	投	特	破	波	判	八	貝
통할 통	거느릴 통	물러날 퇴	던질 투	특별할 특	깨뜨릴 파	물결 파	판단할 판	여덟 팔	조개 패
敗	片	便	篇	平	閉	布	抱	暴	表
패할 패	조각 편	편할 편	책 편	평평할 평	닫을 폐	베포	안을 포	사나울 폭	겉 표
品	風	豊	皮	彼	必	匹	筆	下	夏
물건 품	바람 풍	풍년 풍	가죽 피	저 피	반드시 필	짝 필	붓 필	아래 하	여름 하
賀	何	河	學	閑	寒	恨	限	韓	漢
하례할 하	어찌 하	물 하	배울 학	한가할 한	찰 한	한 한	한정할 한	한국 한	한나라 한
合	恒	害	海	亥	解	行	幸	向	香
합할 합	항상 항	해할 해	바다 해	돼지 해	풀 해	다닐 행	다행 행	향할 향	향기 향
鄕	虛	許	革	現	賢	血	協	兄	刑
시골 향	빌 허	허락할 허	가죽 혁	나타날 현	어질 현	피 혈	화합할 협	맏 형	형벌 형
形	惠	戶	乎	呼	好	虎	號	湖	或
모양 형	은혜 혜	집 호	어조사 호	부를 호	좋을 호	범 호	이름 호	호수 호	혹시 혹
婚	混	紅	火	化	花	貨	和	話	畫
혼인 혼	섞을 혼	붉을 홍	불 화	될 화	꽃 화	재물 화	화할 화	말씀 화	그림 화
華	歡	患	活	黃	皇	回	會	孝	效
빛날 화	기쁠 환	근심 환	살 활	누를 황	임금 황	돌아올 회	모일 회	효도 효	본받을 효
後	厚	訓	休	凶	胸	黑	興	希	喜
뒤 후	두터울 후	가르칠 훈	쉴 휴	흉할 흉	가슴 흉	검을 흑	일 흥	바랄 희	기쁠 희

✏️ 20일 완성 평가 정답지

▣ 20일 완성 평가 1

1. 1) 가 2) 각 3) 강 4) 개 5) 건 6) 고 7) 과 8) 구 9) 근 10) 내

2. 1) ⑤ 2) ⑩ 3) ⑥ 4) ① 5) ⑨ 6) ② 7) ⑦ 8) ⑧ 9) ③ 10) ④

3. 1) 감히 감 2) 살 거 3) 결단할 결 4) 경사 경 5) 셀 계 6) 곤할 곤 7) 빗장 관
8) 구원할 구 9) 고을 군 10) 부지런할 근

4. 1) ② 2) ⑦ 3) ⑤ 4) ⑩ 5) ④ 6) ① 7) ⑨ 8) ⑧ 9) ③ 10) ⑥

▣ 20일 완성 평가 2

1. 1) 상 2) 사 3) 부 4) 변 5) 밀 6) 무 7) 면 8) 이 9) 영 10) 악

2. 1) ⑥ 2) ② 3) ⑨ 4) ① 5) ④ 6) ⑦ 7) ⑤ 8) ⑩ 9) ③ 10) ⑧

3. 1) 흩을 산 2) 쏠 사 3) 갖출 비 4) 옷 복 5) 필 발 6) 춤출 무 7) 잘 면
8) 저물 만 9) 논할 론(논) 10) 지날 력(역)

4. 1) ① 2) ⑥ 3) ⑦ 4) ⑨ 5) ⑧ 6) ⑤ 7) ⑩ 8) ② 9) ③ 10) ④

▣ 20일 완성 평가 3

1. 1) 서 2) 성 3) 소 4) 수 5) 시 6) 실 7) 암 8) 어 9) 열 10) 와

2. 1) ④ 2) ⑤ 3) ⑨ 4) ⑩ 5) ⑦ 6) ⑧ 7) ⑥ 8) ② 9) ① 10) ③

3. 1) 더울 서 2) 줄 선 3) 세금 세 4) 이을 속 5) 비록 수 6) 맑을 숙 7) 탈 승
8) 알 식 9) 열매 실 10) 재주 예

4. 1) ⑦ 2) ④ 3) ⑥ 4) ⑧ 5) ⑩ 6) ② 7) ③ 8) ① 9) ⑤ 10) ⑨

▣ 20일 완성 평가 4

1. 1) 우 2) 위 3) 은 4) 이 5) 자 6) 재 7) 전 8) 제 9) 족 10) 주

2. 1) ⑩ 2) ⑦ 3) ① 4) ⑥ 5) ⑧ 6) ⑨ 7) ③ 8) ② 9) ④ 10) ⑤

3. 1) 근심 우 2) 원할 원 3) 남길 유 4) 응할 응 5) 범/동방 인 6) 장수 장
7) 대적할 적 8) 싸움 전 9) 정할 정 10) 허물 죄

4. 1) ⑥ 2) ① 3) ⑧ 4) ⑦ 5) ⑩ 6) ⑨ 7) ③ 8) ④ 9) ⑤ 10) ②

▣ 20일 완성 평가 5

1. 1) 지 2) 창 3) 청 4) 춘 5) 탈 6) 폐 7) 하 8) 향 9) 혼 10) 효

2. 1) ③ 2) ⑦ 3) ⑩ 4) ⑨ 5) ⑥ 6) ① 7) ⑧ 8) ⑤ 9) ④ 10) ②

3. 1) 다할 진 2) 살필 찰 3) 몸 체 4) 벌레 충 5) 특별할 특 6) 사나울 폭
7) 시골 향 8) 이름 호 9) 가슴 흉 10) 호수 호

4. 1) ③ 2) ⑩ 3) ⑧ 4) ⑥ 5) ② 6) ⑦ 7) ⑤ 8) ⑨ 9) ④ 10) ①

초판 1쇄 발행 2024년 2월 10일
초판 2쇄 발행 2024년 12월 30일

지은이 편집부
펴낸이 박수길
펴낸곳 (주)도서출판 미래지식
디자인 design ko

주소 경기도 고양시 덕양구 통일로 140 삼송테크노밸리 A동 3층 333호
전화 02)389-0152
팩스 02)389-0156
홈페이지 www.miraejisig.co.kr
전자우편 miraejisig@naver.com
등록번호 제 2018-000205호

ISBN 979-11-91349-88-7 13710